대충영어

30 대충영어

완벽하게 하려다가 평생 못한다 **대충 하라**

영어는 암기가 아닌 습득 **외우지 마라**

5분 100문장 스피드 섀도잉 **짧게 하라**

대충영어 30일, 영어 귀가 뚫린다 ▼ 오승종 지음

차선책
THE BEST PLAN

프롤로그

"영어를 대충할 수 있나요?"

제가 10년 전, 〈대충영어〉 프로그램을 만든 후 가장 많이 들은 질문입니다.

그러면 저는 웃으며 이렇게 대답합니다.

"네, 영어는 원래 대충 하는 겁니다. 대충, 매일, 즐겁게 하는 법을 배우세요."

중학교 때부터 영어를 좋아했습니다. 하지만 책상 앞에 앉아 문법을 외우고 문제를 푸는 건 딱딱하고 지루했죠. '어차피 해야 하는 공부인데, 좀 더 쉽고 재미있게 할 수는 없을까?' 이 질문이 늘 제 머릿속에 있었습니다. 그래서 청개구리처럼 교과서 밖을 뛰쳐나왔습니다. 영어 소설을 하루 6시간씩 읽고, 영화 대사를 흉내 내며, 노래 가사를 따라 부르면서 '영어는 공부가 아니라 놀이'라고 믿었습니다.

그 덕분에 영어는 누구보다 자신 있었고, 더 넓은 언어의 세계가 궁금해 서울대학교 중문과로 진학했습니다. 그러다 한중 수교가 이루어지던 시절, 중국어 특채로 공무원이 되어 홍콩과 북경에서 외교관으로 근무하게 되었습니다. 늘 영어 대화로 업무를 했지만, 점차 '영어의 벽'을 실감했습니다. 외국인 동료들이 빠르게 주고받는 대화가 시원하게 다 들리지 않았던 거죠.

'빠른 영어도 다 들을 수는 없을까? 영어 귀를 시원하게 뚫을 수는 없는 건가?'

이때부터 '듣기'에 대해 진지하게 고민했습니다. 그리고 마침내 '영어 속청(Speed Listening)'이라는 방법을 접하게 되었죠. 불과 한 달 만에 영어 뉴스가 다 들리고, 어려웠던 토익 리스닝이 해결되는 기적 같은 경험을 했습니다. 그 이후, 이 경험을 수많은 영포자와 학생들에게 나누고 싶다는 열망이 생겼습니다. 그게 바로 지금의 〈대충영어〉 학습법의 시작이었습니다.

대충 하라, 외우지 마라, 짧게 하라

첫째, 대충 하라.

원어민은 문법도 모르고 문법에 틀린 말을 많이 합니다. 우리가 한국어를 문법 모르고 대충 편하게 말하는 것과 같습니다. 문법 교육을 폐지한 핀란드는 사교육 없이 국민의 70%가 영어를 하고 노점상도 영어를 유창하게 합니다. 실리콘밸리의 엔지니어들, 알리바바의 마윈을 보세요. 문법이 틀리고 억양이 달라도 자신 있게 말합니다. 완벽한 영어는 세상에 없습니다. 영어는 원래 대충 하는 겁니다!

둘째, 외우지 마라.

영어 교육의 세계적인 석학 크라센이 말했듯이, 외국어는 암기도 아니고 공부도 아닙니다. 〈대충영어〉는 뇌과학이 증명한 '자동 기억' 학습법에 기반합니다. 한국어 속청 훈련으로 30일 만에 영어 귀가 뚫리면 모국어처럼 영어를 습득하게 됩니다. 억지로 외우면서 공부를 하는 게 아니라 재미있고 유익한 콘텐츠를 즐기는 과정입니다.

셋째, 짧게 하라.

공부는 길게 앉아 있는 것이 아니라, 짧게 집중하는 게 효율적입니다. 한 시간 공부보다 10분 공부하고 10분 쉬는 것이 뇌과학적으로 더 좋습니다. 양보다 질, 시간보다 편안한 몰입이 중요합니다. 25년 전 미국 뇌과학자 마커스 라이클(Marcus E.Raichle)은 사람이 공부할 때보다 쉴 때 뇌가 더 활성화된다는 걸 발견했습니다. 이것을 DMN(Default Mode Network)라고 합니다. 짧게 공부하고 휴식할 때 우리의 뇌는 입력된 정보를 스스로 정리합니다.

이 세 가지 원칙은 단순하지만, 수많은 사람의 영어 인생을 바꿔 놓았습니다.

영어학원에서 매일 100단어를 힘들게 외우면서 울던 학생이 한 달 만에 해리포터 영화를 들을 수 있게 돼서 행복하다고 했던 여의도 초등학교 5학년 여학생. 미국에서 어학연수를 하면서 영어가 50% 정도만 들려서 답답함을 느끼다가 일주일 만에 영어 귀가 뚫리는 걸 경험했던 20대 파일럿 지망생, 미국에서 논문을 준비하면서 교수와 대화하기 위해 영어 듣기가 절실했던 박사과정 유학생, 한국에서 외국인을 대상으로 영어로 업무를 하면서도 늘 듣기에 어려움을 느끼던 회계사까지.

그들은 〈대충영어〉를 통해 새로운 길을 찾았습니다. 이 프로그램은 점수를 위한 공부가 아니라, 삶 속에서 통하는 영어를 만들어줍니다. 닫혀 있던 귀를 열고, 잃었던 자신감을 되찾으며, 결국 영어가 평생의 즐거운 '소통의 도구'가 되는 것. 그게 바로 제가 꿈꾸는 〈대충영어〉의 세상입니다.

2025년 가을
〈대충영어〉 오승종

추천사 #1

외교관은 의사소통의 전문가여야 합니다. 특히 나라의 이익과 권리를 수호하고 대변하는 자리이니 영어로 하는 효과적인 소통에 대해선 누구보다 잘 알 수 있었을 것입니다. 그런 영어 소통의 전쟁터에서 익힌 체험을 녹여 저자는 뇌과학에 기반한 실용적인 영어 학습법을 개발하고 이것을 책으로 펴냈습니다. '완벽한 영어보다는 통하는 영어를 하라'는 이 부제만 봐도 얼마나 많은 사람이 '완벽해 보이려다 결국 말 한마디 하지 못하고 끝낸' 경험이 가졌는지 알 수 있습니다.

특히 거의 모든 영어 앱이 효율성을 앞세워 데이터량이 적은 'MP3'나 'MP4' 파일로 음성데이터를 만드는 데 반해《대충영어》프로그램은 당당히 'WAV' 무손실 음원을 쓰는 대단한 일을 해냈습니다. 이는 마른 육포로 스테이크를 만드는 것이 아니라, 육즙이 좔좔

흐르는 한우 안심으로 스테이크 요리하는 것만큼의 차이를 보여줍니다. 이미 필자는 십여 년 전 한양대학교병원 산부인과, 경북대학병원 소아과, 경북대학교 생물학과, KAIST 물리학과와 공동으로 실험하고 그 결과 'MP3가 몸에 좋지 않다'는 충격적 결과를 다룬 TV 2부작 과학 다큐멘터리 〈생명의 소리 아날로그〉를 제작했으며 이 프로그램으로 그해 공익 프로그램상 대상을 비롯한 4개 방송상을 받았습니다. 놀라운 것은 저자가 일찍이 그 프로그램의 핵심 주제인 'MP3 유해론'에 공감하고 이를 실용적인 앱에 적용하였다는 점입니다.

저자가 인공지능 앱을 직접 개발하며 스터디를 진행한 현장에서도 'MP3 유해론'을 믿는 사람은 없었습니다. MP3에 기반한 가요나 클래식 스트리밍에 익숙한 사람들은 이것이 왜 몸에 그다지 좋지 않은지를 아예 알 수 없습니다. 아는 만큼 들리고 아는 만큼 보이니까요. 하지만 무손실 사운드를 좋은 오디오로 듣는 순간, 그 차이를 명확히 깨닫게 됩니다. 평생 '메트로폴리탄 미술관'이나 '프라도 미술관'에 가보지 않은 사람이 미술평론을 하는 것처럼 조금은 우스운 일이지요. 원본을 보지 않고 사본만으로 평가하는 것은 언제나 허황된 일입니다. 그런 점에서 《대충영어》 프로그램은 기존 앱들과는 달리 '원본'에 더욱 가까운 사운드 퀄리티를 자랑합니다. 특히 'WAV'로 제작된 유튜브 영상으로 빠른 배속에서도 더 잘 들을 수 있게 하였으며, 장시간 청취에 따른 피로도를 줄여 영어를 더욱 효율적으로 학습할 수 있도록 한 저자의 과학적 사고와 인식에 경의를 표합니다.

좋은 내용에 더해 더욱 좋은 기술까지 갖춘 영어책이니, 추천하지 않을 수가 없습니다.

많은 사람이 《대충영어》 프로그램의 과학적 방법을 통해 더욱 큰 효과와 영어 학습의 즐거움을 경험하길 바랍니다.

베토벤하우스 인천 대표 남우선
(전 MBC PD·오디오 평론가·작가)

추천사 #2

저는 '재능은 타고나는 것이 아니라, 목적에 맞게 설계된 뇌신경 연결의 조합'이라고 확신합니다. 《재능을 만드는 뇌신경 연결의 비밀》의 저자이자 신경과 전문의의 관점에서 볼 때, 우리가 왜 그토록 미드(미국 드라마)를 보고 또 봐도 영어 듣기 실력이 늘지 않았는지, 그리고 〈대충영어〉가 어떻게 단 한 달 만에 그 견고한 벽을 무너뜨리는지에 과정을 알아야 그에 대한 해답이 명확해집니다.

더욱 놀라운 것은 이 원리가 '한글 속청'만으로도 영어 듣기 능력을 향상한다는 사실입니다. 2017년 겨울 저는 직접 이 놀라운 변화를 체험했습니다. 한 달간 출근길에 20분 정도 영어와 한글 속청 훈련을 진행한 결과, 30~40%에 불과했던 영어 애니메이션 〈주토피아〉의 이해도가 60~70%까지 수직 상승하는 놀라운 경험을 한 것입니다. 이는 단순히 듣는 양이 늘어난 결과가 아닙니다. 제 뇌 속에 영어 소리를 처리하는 새로운 신경 회로, 즉 '영어 듣기 재능'이 물리적으로 만들어졌음을 의미합니다.

많은 분이 '반복'의 중요성은 알지만, '진짜 반복'과 '소용없는 반복'의 차이는 알지 못합니다. 단순히 미드를 흘려듣는 것은 뇌에 의미 있는 자극을 주지 못하는 '소용 없는 반복'일 뿐입니다. 뇌신경이 연결되고 재능이라는 회로가 만들어지기 위해서는 반드시 〈약점 파악 → 피드백 → 반복〉이라는 3단계 구조가 필요합니다. 이것이 바로 제가 책과 강연을 통해 끊임없이 강조해 온 뇌신경 연결 학습법의 핵심입니다. 〈대충영어〉는 이 뇌과학의 핵심 원리를 가장 정교하게 구현해낸 훈련 시스템입니다.

예를 들어, 2배속, 3배속, 4배속으로 진행되는 '속청' 훈련을 생각해 보십시오.

1. **약점 파악:** 3~4배속으로 들었을 때, 들리지 않는 부분이 명확하게 드러납니다. 이것이 당신의 '약점'입니다.

2. **피드백:** 2~3배속으로 다시 듣거나, 스크립트를 확인하며 무엇을 놓쳤는지 인지합니다. 이는 뇌에 강력한 '피드백' 신호를 보냅니다.

3. **선택적 반복:** 이제 모든 문장이 아닌, 들리지 않았던 그 '약점'에만 집중하여 반복 훈련을 합니다.

이 과정을 거칠 때 비로소 우리의 뇌는 소리를 처리하지 못했던 기존의 연결을 끊고, 새로운 소리를 인식하는 강력한 신경망을 구축하기 시작합니다. 그냥 듣는 것과 목표를 가지고 듣는 것의 차이가 바로 여기에 있으며, 이는 〈대충영어〉가 일반적인 미드 시청과 근본적으로 다른 점입니다.

이 책은 단순한 영어 학습 비법서가 아닙니다. 수많은 실패로 굳어진 당신의 뇌 속 영어 회로를 과학적으로 검증된 원리를 통해 새롭게 설계·구축하는 '두뇌 사용 설명서'입니다. 비효율적인 반복의 늪에서 벗어나, 당신의 뇌에 영어 듣기 재능이 만들어지는 경이로운 경험을 직접 체험하시기 바랍니다.

신경과 전문의,
《재능을 만드는 뇌신경 연결의 비밀》 저자 신동선

추천사 #3

"대충영어라고?"

제가 처음 저자를 만났을 때, '완벽 정복 영어'도 아니고 '무결점 영어'도 아닌 '대충대충' 하는 방식으로 전 세계 최고의 눈높이를 가진 대한민국 영어 도전자들에게 다가가겠다는 발상과 시도가 그저 기가 막히고 웃겼습니다. 저 역시 외국계 은행에서 근무할 때, 저자와 마찬가지로 영어가 시원시원하게 늘지 않는, 말하지 못할 고민이 있었습니다. 그런 동병상련의 과정을 거친 저자가 시행착오와 기존 학습법이 지닌 한계를 극복할 수 있는 대안으로 영어 빠르게 듣기인 '속청'을 시도해 보고 해법을 찾았다는 얘기를 들었을 때 솔직히 반신반의했습니다.

저는 획기적인 제품과 서비스를 끊임없이 발굴하는 일을 합니다. 이런 '스타트업 엑셀러레이터'로서 매의 눈을 가지고 향후 대중성까지 고려하여 〈대충영어〉를 직접 수강했습니다. 한 달 동안 꾸준히 부담 없이 했는데 처음에는 들리지 않던 소리가 어느 시점을 지나자 들리기 시작했습니다. 특별한 노력이나 몰입 없이 무작정 따라 했던 결과였습니다.

'속청'으로 영어를 들으면서 동시에 '섀도잉'까지 병행하자 자연스럽게 영어 감각이 살아나기 시작했습니다. 반신반의가 확신으로 변하는 순간이었습니다. 우리나라 사교육 시장에서 저자가 제안하는 '속청'과 '섀도잉' 학습법으로 영어 공교육을 강화한다면 학생과 학부모, 그리고 대학생과 직장인이 영어 울렁증과 영어 공포에서 해방될 날도 멀지 않을 것입니다.

아무리 스마트폰에 설치된 외국어 번역 앱이 발달하더라도 영어에 맺힌 한을 풀어주진 못합니다. 시대적 변화와 문명의 편리함과는 별개로 이제 우리는 기존 학습법으로 영어를 포기했거나 잘하지 못했던 자책감에서 벗어날 기회를 얻게 되었습니다.

바로《대충영어》입니다! 요즘 70세가 되어 피아노 같은 악기를 배우고 수채화 그리기에 도전하는 분이 많습니다. 이분들이 취미 활동에 몰두하는 공통적인 이유는 누군가의 평가를 받기 위함도 아니고 오로지 자신만의 즐거움과 만족감을 느끼기 위함이라고 합니다. 외국어 특히 영어도 마찬가지입니다. 편안한 '속청'에서 시작해 자연스러운 말하기로 이어지는 《대충영어》가 여러분을 새로운 영어 애호가로 이끌어 줄 것입니다.

(전) 평택산업진흥원 이사 공성경

추천사 #4

2016년, 저자에게 "이제는 오승종 대표의 영어 철학을 책으로 정리해 보라"라고 조언했던 그때로부터 어느덧 아홉 해가 흘렀습니다. 그동안 그는 묵묵히 연구하고, 수많은 학습자를 만나며 자신의 신념을 거듭 굳혔습니다. 그리고 마침내 《대충영어》라는 이름으로 세상에 그 결실을 내놓았습니다. 오랜 세월 땅속 깊이 뿌리를 내리던 대나무가 하룻밤 사이에 솟아오르듯, 이 책은 기나긴 준비 과정을 거쳐 세상 위로 올라왔습니다. 이제 이 책은 영어 앞에서 좌절했던 수많은 이에게 새로운 길을 보여주는 나침반이 될 것입니다. 30일의 대충이 만들어내는 기적, 그 안에는 우리 두뇌가 본래 지닌 학습 본능과 즐거움의 에너지가 깃들어 있습니다.

  이 책을 펼치는 순간, 영어는 더 이상 두려움의 대상이 아니라 삶의 새로운 리듬이 됩니다.

　속청으로 두뇌를 깨우고, 속독으로 문맥을 읽으며, 섀도잉으로 자신을 표현하는 모든 순간이 당신의 뇌를 다시 살아 있도록 만들 것입니다. 저는 오승종 저자의 《대충영어》가 한국인의 영어 학습사에 남을 새로운 전환점일 될 것이라고 확신합니다. 이 책을 읽는 모든 이가 영어뿐 아니라 삶의 여유와 두뇌의 기쁨을 함께 얻게 되기를 진심으로 바랍니다.

인싸이트컨설팅 대표 양성길

차례

— **프롤로그** "영어를 대충할 수 있나요?" 005
— **추천사** 009
— **〈대충영어〉 진단표** 024

PART 1. 영어, 왜 대충 해야 하는가?

★ '대충'의 진짜 의미: 대충의 두 얼굴   029
★ 영어에 대한 남다른 열정으로 교과서 밖 영어를 경험하다   031
★ 암기에서 무너진 영어, 즐거움에서 답을 찾다   033
★ 미친 듯이 좋아하는 걸 하다 보면 꿈같은 기회가 찾아온다   034
★ 영어가 들리지 않는 외교관   037
★ 위기 속에서 만난 속청 영어와의 첫 인연   038
★ 주변 사람을 통해 증명된 속청의 효과   040
★ 인생의 전환점: 영어를 넘어선 새로운 사명   041
★ 한글로 영어 공부를 한다고요? 한글 속청을 경험하다   042

PART 2. 세계는 이미 〈대충영어〉 시대!

★ 실리콘밸리에서는 'Broken English'가 대세!   049
★ 마윈 회장의 거침 없는 대충영어   052
★ 왜 영어는 10년을 공부해도 안 될까?   054
★ Retraining your brain: 영어 난독증 4주 치유 프로그램   056
★ 서울대 영문과 학생들은 왜 영어를 못할까? 한국인만 모르는 영어의 진실   060
★ 앵무새의 말하기 비밀은 핵심 어휘의 반복에 있다   065
★ 영어 회화를 대충 하는 나라, 핀란드   067
★ 핀란드의 영어 교육에 대한 통찰로 한국형 해법을 찾다!   068
★ 잘못된 '가짜 섀도잉'의 함정에 빠지지 않아야 한다   072
★ 효율을 10배 높이는 '알파고 학습법'   076

[PART 3. 〈대충영어〉 3대 원칙: 대충 하라, 외우지 마라, 짧게 하라]

- ★ 이제 외우지만 말고, 진짜 자신의 이야기를 해보세요 083
- ★ 한글 속청이 영어 귀를 뚫는 원리 085
- ★ 4배속 스피드 섀도잉의 특별한 효과 088
- ★ 도파민이 터지는 영어 공부로 완벽함보다 즐거움을! 090
- ★ 대충 하라, 외우지 마라, 짧게 하라 093
- ★ 평생에 걸친 영어에 대한 한을 풀었습니다 095
- ★ 영어 덕분에 청각 나이가 23년 젊어졌습니다 097
- ★ 나도 '할 수 있을까?'에서 '할 수 있다'로 098
- ★ 영어 귀가 뚫리는 기적의 경험에서 당신도 예외가 아닙니다 100

[PART 4. 뇌과학과 역사로 증명된 〈대충영어〉 학습법]

- ★ 한국인은 영어를 잘할 수밖에 없는 민족이다 107
- ★ 외국어 소리를 차단하기 시작하는 생후 12개월 110
- ★ 한국 영어 교육, 문법 해방과 시험 해방이 답이다 112
- ★ 자신의 수준에 맞는 쉬운 영어를 하라 114
- ★ 신경과 전문의가 증명한 속청의 힘 118
- ★ 최상의 영어 컨디션을 만드는 법: 잠, 휴식, 몰입 120
- ★ 영어 학습을 넘어, 뇌 기능 향상과 잠재력 개발까지 123

PART 5. 〈대충영어〉 30일, 영어 귀가 뚫린다

- ★ 미드 〈프렌즈〉를 10배 쉽게 공부하는 법   129
- ★ 초보자를 위한 현명한 콘텐츠 선택: 배탈 없는 흡수율   132
- ★ 〈대충영어〉는 왜 50단어로 시작하는가?   134
- ★ 뇌가 자동으로 패턴을 인식하는 순간   136
- ★ 청각 나이, 젊어질 수 있다!   137
- ★ 30일 영어 귀 만들기 훈련 로드맵: 4주 단기 프로젝트   141
  - └ Week 1 | 청각 테스트+속청 학습의 시작   142
  - └ Week 2 | 한글 속청+스피드 섀도잉 첫걸음   143
  - └ Week 3 | 4배속 섀도잉 학습법   144
  - └ Week 4 | 30일 후 청각 테스트+영어 듣기 변화 확인   145
- ★ 〈대충영어〉 5단계 완벽 로드맵: 장기 프로젝트   147
  - └ 1단계 | 속청 훈련 – '영어 귀' 만들기   148
  - └ 2단계 | 스피드 섀도잉 – 듣기와 말하기 동시 훈련   149
  - └ 3단계 | 낭독 – 말하기 근육 훈련   150
  - └ 4단계 | 소리 영작 – 1초 만에 영어로 말하기   151
  - └ 5단계 | 1분 스피치 – 자동기억   152
  - └ Finale | 영어 독립 – 영어를 일상으로   153
- ★ 한국에서 영어 환경 만들기   154
- ★ 손 안의 두뇌, 〈대충영어〉의 다음 장   156

PART 6. 영어를 듣는 환경이 학습을 좌우한다

- ★ 좋지 않은 소리가 우리 아이의 뇌를 잠들게 한다 163
- ★ KBS〈스펀지〉실험이 밝힌 'MP3 소리의 진실' 165
- ★ LP를 사랑한 스티브 잡스 168
- ★ 방송인 배철수가 "MP3는 쓰레기"라고 말한 진짜 이유 170
- ★ 우리 아이의 '영어 귀'와 '뇌 건강'을 위해
  MP3 듣기를 당장 중단해야 하는 이유 173

─ **수강생 후기** 177
─ **에필로그** '즐겁게 대충 했을 뿐인데, 귀가 시원하게 뚫리는 영어 공부' 186
─ **대충영어 300문장** 188

〈대충영어〉 진단표

"대충 할 준비가 되셨나요?
당신의 영어 뇌는 '대충모드'입니까,
'과열모드'입니까?"

번호	문항	예(1점)	아니오(0점)
1	영어 문장을 들으면 뜻보다 문법이 먼저 떠오른다.		
2	단어를 외울 때 철자와 품사까지 완벽히 기억하려고 한다.		
3	모르는 단어를 보면 문맥을 살피기보다 검색을 먼저 하게 된다.		
4	자막 없이 영어 영상을 보면 불안하다.		
5	외국인이 빠르게 말하면 당황하거나 머리가 하얘진다.		
6	영어를 '공부'로 느끼지 않으면 죄책감이 든다.		
7	틀린 문장을 말하면 부끄럽다.		
8	영어를 들을 때 '발음'보다 '문법'에 더 신경 쓴다.		
9	미드를 시청하거나 뉴스를 청취할 때 '모르는 단어'가 나오면 멈칫한다.		
10	"대충해도 된다"라는 말을 들으면 이상하게 불안하다.		
11	공부할 때는 듣기·말하기보다 문법책과 노트를 찾는다.		
12	영어 실력이 늘지 않으면 '노력 부족' 때문이라 생각한다.		
13	영어 공부를 오래 하면 머리가 아프거나 피곤하다.		
14	한글 자막을 없애면 집중이 되지 않는다.		
15	외국인 앞에서 영어로 말하면 긴장된다.		
16	'틀려도 된다'보다 '정확해야 한다'가 더 중요하다고 생각한다.		
17	하루에 최소 1시간은 영어 공부를 해야 한다고 생각한다.		
18	듣기보다 말하기 연습이 더 중요하다고 믿는다.		
19	영어 공부는 '재미'보다 '노력'이 우선이라고 생각한다.		
20	'영어는 타고난 사람만 잘한다'고 생각한다.		

점수	유형	결과 설명	〈대충영어〉 처방
0~6점	대충 마스터형	이미 힘을 뺄 줄 아는 영어 뇌. 감각적 학습자	한글 속청으로 귀를 더 깨우면 완성입니다.
7~13점	균형형	노력과 감각 사이의 중간형	문법을 잠시 내려놓고 '듣기루틴'을 시작해 보세요.
14~20점	완벽주의형	너무 열심히 해서 오히려 뇌가 굳은 상태	대충영어가 당신의 영어 스트레스를 해소해줄 겁니다.

나의 결과

★ 나의 총점 _____점
★ 나의 영어 뇌 유형 _____형

PART 1.

영어,
왜 대충해야 하는가?

'대충'의 진짜 의미: 대충의 두 얼굴

본격적으로 〈대충영어〉를 소개하기 전에, 대충의 진짜 의미를 말하고자 합니다. 우리가 흔히 쓰는 '대충'이라는 단어에는 사실 두 가지 의미가 담겨 있습니다. 하나는 '어설프게, 불완전하게, 대강'이라는 부정적인 의미입니다. "대충 하지 말고 제대로 해!"라는 말을 들으면 왠지 부족하고 허술하게 한다는 느낌이 들죠. 하지만 다른 한편, "대충 해~"라고 말할 때는 또 다릅니다. 그 안에는 '편하게 해, 힘 빼고 해, 여유롭게 해'라는 따뜻한 격려의 뉘앙스가 담겨 있습니다.

즉, 대충은 무책임함이 아니라, 꼭 필요한 만큼만 집중하고 불필요한 힘을 덜어내는 지혜일 수 있습니다. 이 책에서 말하는 〈대충영어)는 바로 이 두 번째 의미, 즉 '편하게, 부담 없이, 그러나 효과는 확실하게'라는 뜻을 담고 있습니다. 영어를 억지로 완벽하게 하려 들기보다, 가볍게 시작해 자연스럽게 학습을 이어갈 수 있었으면 좋겠습니다.

또 재미있는 사실은, 옛 문헌에서 방향을 세밀하게 나눈 12방위를 기준으로 중심과 균형을 이루는 대칭의 자리를 '대충(對沖)'이라고 했다는 겁니다. 즉 대충은 어설프게 하는 게 아니라, 중심을 잡고 힘을

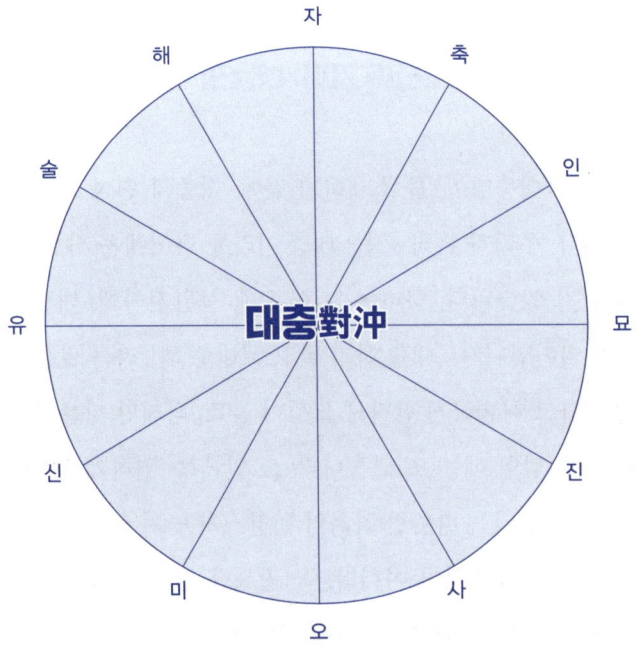

균형 있게 쓰는 지혜입니다.

　자칫 이런 좋은 의미를 담고 있는 〈대충영어〉 프로그램을 두고 '성의 없이, 건성으로 하는 영어'를 떠올리기 쉽습니다. 하지만 그 본질은 정반대에 있습니다. 기존의 비효율적인 학습법에서 벗어나 언어 습득의 핵심 원리를 꿰뚫는 스마트한 전략을 의미합니다. 제가 늘 강조하는 〈대충영어〉의 3대 원칙인 '대충 하라, 외우지 마라, 짧게 하라'는 바로 이 철학을 함축적으로 보여줍니다. 모든 것을 완벽히 하려다 무너지는 대신, 꼭 필요한 핵심을 채우는 것이 바로 〈대충영어〉 학습법입니다.

영어에 대한 남다른 열정으로
교과서 밖 영어를 경험하다

저는 중학생 때 처음으로 영어를 배웠습니다. 사실 저는 어렸을 때 공부를 잘하는 모범적인 학생은 아니었습니다. 그러나 남다른 점이 하나 있었습니다. 바로 호기심이 많고, 배우는 일에 진심인 아이였다는 점입니다.

　영어를 처음 접했을 때는 마치 신세계를 만난 듯한 설렘이 있었습니다. 잘하고 싶다는 마음도 자연스럽게 생겼습니다. 당시 미국이라는 나라에 대한 동경, 영화 속 배우들이 유창하게 영어를 말하는 장면을 보면서 영어에 대한 갈망은 더 커졌습니다. 영어 교과서 본문을 한 번 써오라는 숙제가 있으면 저는 두 번 써오는 학생이었습니다. 그러니 영어 실력도 빠르게 늘었고, 덕분에 영어 선생님의 사랑을 듬뿍 받는 학생이 될 수 있었습니다. 수업 시간마다 눈이 반짝이며 적극적으로 따라 했던 저를 선생님께서 유독 예뻐해 주셨는데, 이는 제가 영어를 더 열심히 하게 되는 원동력이 되었습니다.

그런데 저는 곧 의문이 생겼습니다. '왜 영어를 책으로만 배워야 하지? 말로 하는 것이 훨씬 재미있을 텐데?' 그래서 선생님께 영어 회화 교재를 추천해 달라고 부탁 드렸습니다. 그때 소개받은 것이 바로 《English 900》(Edwin T. Cornelius, Jr., YBM)이었습니다. 테이프에 담긴 900개의 기본 문장을 듣고 따라 하는 교재였지만, 단순히 테이프만 듣는다고 영어가 술술 나오는 것은 아니었습니다. 내용도 그저 다음과 같은 단순한 문장들이었기 때문에 오히려 지루하기도 했습니다.

"Hello, Good morning"

"How are you?"

"What are you going to do this weekend?"

그래서 저는 오히려 '진짜 회화를 잘하고 싶다'는 갈망이 더 강해졌고, 영어를 어떻게 하면 더 재미있고 효과적으로 공부할 수 있을지를 늘 고민해왔던 것 같습니다.

암기에서 무너진 영어, 즐거움에서 답을 찾다

저는 원래부터 암기 위주의 과목을 싫어했습니다. 사회, 국사처럼 단순히 외워야 하는 과목은 정말 힘들어했지요. 대신 수학이나 물리학처럼 원리가 있는 과목을 더 좋아했습니다. 그렇다고 해서 제가 공부를 특별히 열심히 하는 학생은 아니었습니다. 그럼에도 영어만큼은 달랐습니다. 영어는 저를 빛나게 해주었고, 실제로 중학교 때도 영어 덕분에 제 존재가 드러났습니다. 고등학교 재학 시절에는 영어 서클 회장도 맡았고, 영어 스터디를 주도할 만큼 중심적인 역할을 했습니다. 서울대에 갈 정도로 공부를 잘하는 친구들과 비교해도 영어만큼은 제가 훨씬 앞서 있었습니다.

저는 쉬는 시간에도 영영사전을 보며 놀곤 했는데 새로운 단어의 정의를 친구들에게 문제로 내고 맞히도록 하는 놀이를 즐겼습니다. 예를 들어 '무지개'라는 단어를 사전에서 찾아 'an arch of light in seven colors appearing in the sky after rain'이라고 설명하면 친구들이 답을 맞히는 식이었습니다. 이런 활동은 저를 더 돋보이게 했고, 영어가 단순한 과목이 아니라 제게 즐거움과 자신감을 주는 존재가 되었습니다.

하지만 좋아하던 영어도 억지로 암기해야 한다고 강요받으면 금세 싫어졌습니다. 사전을 찾아보거나 책을 읽고, 스스로 게임을 만들어 친구들과 함께하는 것은 즐거웠지만, '공부'라는 이름이 붙는 순간 머리가 굳어지고 잘되지 않았습니다. 그때 저는 깨달았습니다. 억지로 하는 공부는 오래가지 못하고, 스스로 즐기며 할 때 비로소 나아가려는 힘이 생긴다는 사실 말입니다.

저는 고등학교 시절 하루에 3시간에서 많게는 6시간씩 영어소설을 읽었습니다. 그래서 수능 시험에서 영어 50문제를 50분 동안 풀어야 했지만 30분 만에 끝낼 수 있었습니다. 하지만 이것도 '열심히 공부한 결과'라기보다, 좋아서 읽다 보니 자연스럽게 쌓인 힘이었습니다. 대학에 가서도 마찬가지였습니다. 다른 학생들이 수백 쪽짜리 영어 원서를 읽는 데 2시간이 걸릴 때, 저는 1시간이면 충분했습니다. 억지로 외우는 대신 즐기면서 영어와 시간을 보낸 결과, 영어가 제 안에 자연스럽게 자리 잡은 것입니다.

미친 듯이 좋아하는 걸 하다 보면 꿈같은 기회가 찾아온다

저는 서울대학교 중문과에 다니며 영어와 중국어를 모두 좋아했습니다. 학창 시절 내내 영어 덕분에 빛났고, 대학에 와서는 중국어까지 더해 또 다른 세계가 열렸습니다. 특히 3학년 여름방학 때에는 당시로서는 흔치 않았던 북경 어학 연수 기회를 얻었습니다. 지금 돌이켜보면, 한·중 수교를 불과 1년 앞둔 시점이었기 때문에 가능했던 일이었습니다. 정부 차원에서 미리 학생들을 단체 비자로 보내어 어학 연수를 경험하게 한 것이지요. 개인 비자가 아니라 단체 비자였기에 안전 문제도 없었고, 학생 신분으로 특별한 경험을 할 수 있었습니다.

그 연수가 제게 준 가장 큰 자산은 단순히 중국어 몇 마디를 배운 것이 아니라 '언어가 새로운 세계로 들어가는 열쇠'라는 확신이었습니다. 그리고 그 확신은 얼마 지나지 않아 예상치 못한 기회로 다가왔습니다.

1992년 8월, 졸업을 몇 달 앞둔 시점에 한국과 중국이 전격적으로 수교했습니다. 아무도 예상하지 못한 변화였습니다. 그 순간 우리 사회의 곳곳, 즉 은행, 방송사, 무역회사, 정부는 '중국어 특기자'를 찾기 시작했습니다. 중국어를 조금이라도 할 수 있는 사람이 귀해졌습니다. 서울대와 연고대에서도 중국어를 유창하게 하는 학생은 거의 없던 시절이었기에, 저 같은 사람에게도 기회가 왔습니다.

사실 저는 공무원이 될 생각이 전혀 없었습니다. 하지만 "중국어 특채로 들어오면 해외 근무 기회가 있다"라는 말을 듣자, 마음이 흔들렸습니다. 저는 원래도 언어를 좋아했고, 새로운 세계에 가는 것을 즐겁게 여기는 사람이었습니다. '외국어를 마음껏 할 수 있고, 중국에 갈 수 있다면 좋지 않나?' 깊은 고민도 하지 않은 채, 저는 그 길을 택했습니다. 그렇게 뜻밖에도 외교관의 길이 열리게 되었습니다.

첫 발령지는 홍콩이었습니다. 영어와 중국어가 모두 통용되는 도시, 국제적인 만남과 활기가 넘치는 곳이죠. 저 같은 사람에게는 꿈 같은 환경이었습니다. 다양한 외국인들을 만나 영어와 중국어를 마음껏 쓰며 지낼 수 있었습니다. 그 경험은 제게 '언어를 무기로 삼아 살아간다'는 확신을 더 깊게 심어주었습니다.

　서울로 복귀했다가 다시 홍콩으로 발령받았을 때는 이미 익숙한 도시였기에 더 편안했습니다. 언어 덕분에 인간관계를 넓히는 것도 자연스러웠고, 그 덕분에 저는 조직 안에서 점점 주목받기 시작했습니다. 북경은 중국팀 내에서도 '에이스'들만 갈 수 있는 자리였는데, 결국 저에게도 그 기회가 찾아왔습니다.

　북경은 전 세계 200개가 넘는 나라의 대사관이 모여 있는 곳이었습니다. 저는 북경 한국 대사관에서 영어 담당 업무를 맡게 되었습니다. 하루에도 수많은 외교관과 회의하고, 보고서를 정리하는 일상이 이어졌습니다. 남들은 북경에 오면 중국어를 가장 많이 쓰게 되지만, 저는 업무 특성상 오히려 영어를 더 자주 사용했습니다. 덕분에 매일매일이 배움이자 도전이었고, 언어를 좋아하는 저에게는 흥미로운 시간이었습니다. 제가 좋아서 열심히 한 것들이 좋은 기회가 되어 돌아오니 꿈같은 생활을 했습니다.

영어가 들리지 않는 외교관

저는 영어가 제 무기라는 사실을 의심한 적이 없었습니다. 서울대 시절 누구보다 영어를 잘했고, 과외로 용돈도 벌었으며, 영어 덕분에 언제나 빛나왔습니다. 홍콩과 북경에서의 외교관 생활 역시 언어가 저를 지탱해 주었고, 저는 '언어로 무장한 사람'이라 자부했습니다.

그러던 어느 날, 잊을 수 없는 일이 일어났습니다. 독일 대사관 친구들과 미팅을 마치고 저녁 자리를 함께하게 되었을 때였습니다. 회의는 늘 그렇듯 문제없이 잘 끝났습니다. 회의 자리에서 오가는 영어는 천천히, 또렷하게 말해주기 때문에 어렵지 않았습니다. 문제는 그 이후였습니다.

식사 자리로 이동하면서 독일 외교관 두 명이 앞에서 빠르게 대화를 나누기 시작했습니다. 업무 이야기인지, 개인적인 농담인지 분간도 되지 않는 속도와 억양으로 말을 주고받더군요. 저는 순간 얼어붙었습니다. 한마디도 알아듣지 못했던 것입니다. 그 충격은 이루 말할 수 없었습니다. 서울대학교에서도 누구보다 영어를 잘했고, 영어 덕분에 늘 인정받았으며, 영어 때문에 빛날 수 있었던 제가 원어민끼리 자연스럽게 주고받는 대화는 전혀 이해하지 못했기 때문입니다.

'나는 회의 영어는 할 수 있는데, 왜 일상 대화가 시원하게 들리지 않지?'

'내가 지금까지 배워온 영어는 무엇이었을까?'

그 순간 저는 영어의 벽을 온몸으로 느꼈습니다.

영화나 미디어를 볼 때도 마찬가지였습니다. 늘 자막이 필요했습니다. 자막을 켤까 말까 망설이다가, 결국은 켜지 않을 수 없었습니다. 누구보다 좋아하고, 자신 있는 영어였지만, 제게는 늘 갈증의 대상이자, 완전히 해결되지 않는 숙제로 남게 되었습니다.

위기 속에서 만난 속청 영어와의 첫 인연

영어 듣기에 대한 갈증이 극에 달해 있던 시기에 업무상 영어 회화는 어렵지 않았지만, 뉴스나 미드, CNN 같은 원어민 속도의 영어는 도무지 들리지 않았습니다. 계속해서 좋은 책들도 살펴보는 한편, 어떤 공부를 하면 지루하지 않고, 제 영어 실력이 향상될 수 있을까를 고민하던 시기였습니다. 그 무렵 2009년에 우연히 '속청(Speed Listening) 영어'라는 프로그램을 알게 되었고, 큰 고민을 한 끝에 45만 원이라는 적지 않은 돈을 들여 구입했습니다. 《English 900》 테이프 구입 이후에 제 영어 공부에 두 번째로 거금을 투자한 것이지요.

CD 세 장과 얇은 책 세 권으로 구성되어 있으며, 단순히 영어 회화를 2배, 3배, 4배 속도로 들려주는 프로그램이었습니다. 겉보기에는 다소 허술해 보였지만, 왠지 '이건 귀를 뚫어줄지도 모른다'는 직감이 들었습니다. 결국 '해봐야 알지' 하는 마음으로 구매를 결심했던 것 같습니다. 그때는 초보 운전자였기에 매일 아침 일찍 출근하면서 차 안에서 듣기 훈련을 했습니다. 〈FM 101.3MHz〉 영어 교통방송을 틀어놓고, 속청 영어로 30분에서 1시간씩 연습했습니다. 아침 7시, 영어 뉴스가 흘러나오면 여전히 단어 몇 개만 들릴 뿐, 내용은 거의 알아들을 수 없었습니다. 그런데 어느 날, 믿기 힘든 일이 일어났습니다. 그 뉴스의 문장이 하나 둘씩 귀에 들어오기 시작했는데, 처음엔 우연인가 싶었습니다. 회사에 도착해 영어 스터디에서 해커스 토익 리스닝 문제를 풀어보는 순간, 그동안 막혀 있던 소리가 뚫린 것을 확신했습니다. 지문이 귀로 들어오는 동시에 머릿속에서 문장 구조와 의미가 '눈으로 읽듯이' 정리되었습니다. 토익 LC 선택지 1, 2, 3, 4의 문장도 각각 내용이 자동으로 연결되며 소리를 통해 독해되는 신기한 경험을 하게 된 것입니다. 이렇게 속청 영어를 시작한 지 겨우 한 달 만에 영어 뉴스가 들리고, 듣기와 독해가 동시에 연결되는 놀라운 변화가 찾아왔습니다.

   그때의 충격은 제 인생의 방향을 바꾸어 놓았습니다. 그리고 '누구나 이런 경험을 할 수 있다면 힘들게 공부하지 않아도 될 텐데….' 이 생각 하나로 영어 교육과 언어 교육을 연구하는 길에 들어서게 되었습니다. 그날의 감동과 확신은 지금까지도 저를 움직이게 하는 원동력이라고 할 수 있습니다.

주변 사람을 통해 증명된 속청의 효과

속청 영어를 통해 제 귀가 열리면서, 이 학습법의 위대함을 직접 체감하게 되었습니다. '이렇게 효과가 있다면 청각이 훨씬 뛰어난 어린아이들은 더 큰 효과를 볼 수 있지 않을까?' 하는 생각이 들었습니다. 당시 제 여동생의 자녀들, 그러니까 조카들이 초등학교 3학년과 4학년이었는데 여동생은 영어 과외를 시켜야 할지 고민하던 중이었습니다.

그래서 저는 과외 받을 필요 없이 조카들을 속청으로 영어 교육을 시켜볼 테니 믿고 맡겨보라고 했습니다. 직접 대면해서 수업을 진행하지는 않았지만, 숙제를 내주고, 숙제한 내용을 엄마와 카카오톡 메시지로 주고받으며 관리했습니다.

그때는 카카오톡이 막 활성화되던 시기였는데, 그 기능을 이용해 아이들의 학습을 관리했습니다. 저는 《English 900》 교재를 이용해 문장들을 2배속, 3배속, 4배속으로 편집했습니다. 아이들에게 매일 100문장을 들으며 섀도잉하도록 했습니다. 2배속이면 10분 걸릴 분량이 4배속이면 5분이면 끝났기 때문에 그동안 공부에 지쳐 있던 조카들은 오히려 속도가 빠를수록 좋아했습니다. "숙제가 빨리 끝나서 좋다!"라며 서로 경쟁하듯 훈련을 이어갔습니다. 그렇게 몇 달이 지났을 무렵, 여동생에게 전화가 걸려 왔습니다.

"오빠, 애들이 심슨 만화영화가 들린대!"

처음엔 농담인 줄 알았습니다. 저조차 〈심슨네 가족(The Simpsons)〉을 완전히 알아듣기까지 꽤 오랜 시간이 걸렸는데 아이들이 그걸 듣는다는 게 믿기지 않았습니다. 그런데 더 놀라운 사실이 있었습니다. 조카 중에서도 특히 영어를 어려워하고 학습이 부진했던 둘째 민우가 "심슨 만화가 무슨 내용인지 다 알 수 있어요!"라고 말한 것입니다. 그 순간 '이건 나만의 경험이 아니구나. 어린아이를 비롯한 누구에게나 통할 수 있는 방법이구나.'라는 사실을 어린 조카들을 통해 알게 되었습니다. 이후 주변 학부모들로부터 우리 아이도 그렇게 좀 만들어달라는 요청을 받았습니다. 그렇게 제 인생의 첫 속칭 영어 과외가 시작되었습니다. 아이들이 만화영화를 들으며 영어를 배우자, 공부가 더 이상 '공부'가 아니게 되었습니다. 그동안 스트레스 받는 숙제들 때문에 하루하루 엄마와 전쟁을 벌이던 초등학생 아이들이 동화를 읽듯, 놀이하듯, 영어를 자연스럽게 익히니 모든 학업에 긍정적인 변화가 일어났습니다.

인생의 전환점: 영어를 넘어선 새로운 사명

그 무렵 저는 18년간 이어온 공무원 생활을 마무리하고 새로운 길을 준비하고 있었습니다. 대학교 시절 영어 동아리에서 만난 가장 절친한 친구가 스탠퍼드에서 공부한 뒤 실리콘밸리에서 창업에 성공하며 한국 지사를 세우게 되었고, 함께하자는 제안을 해왔습니다. 그 인연으로 저는 과감히 사직서를 내고 민간 기업으로 이직하게 되었습니다. 돌이켜보면 제 인생의 모든 전환점에는 항상 영어가 있었습니다. 중문학을 전공하게 된 것도, 홍콩과 북경에서 근무하게 된 것도, 공직을 그만두고 새로운 일을 시작하게 된 것도 모두 영어와 연결되어 있었습니다.

중국 회사의 한국 지사장으로 지냈지만, 지금 이 삶으로는 내 인생이 채워지지 않는다는 생각이 계속해서 저를 괴롭혔습니다. 속청 테이프를 듣고 영어 훈련을 할 때마다 제 마음속에 끓어오르는 무언가가 있다는 걸 깨닫게 된 것 같습니다. 그 후 저는 '그래, 영어 때문에 좌절하는 사람들이 귀가 뚫리고 영어가 시원하게 들리는 경험을 할 수 있게 돕자. 그게 내 사명이다'라는 마음을 품게 되었습니다. 그 다짐이 바로 지금의 〈대충영어〉로 이어졌습니다. 누군가는 '대충'이라는 말에 가볍게 들릴지도 모르지만, 2009년, 속청 영어를 처음 구입했던 그날의 설렘이 지금까지도 제 마음속에 선명하게 남아 있습니다.

한글로 영어 공부를 한다고요? 한글 속청을 경험하다

늘 속청과 새로운 교육법을 찾아 공부하던 어느날, 저는 우연히 《속청이 기적을 부른다》(다나카 다카아키, 넓은들)라는 책을 접하게 되었습니다. 그 책은 일본에서 〈스피드 리스닝(Speed Listening)〉이라는 이름으로 수백억 원의 매출을 기록하며 크게 히트한 프로그램이었습니다. 한국에는 번역판으로 소개되었는데, 책 뒤표지에는 이렇게 적혀 있었습니다.

"한 달이면 영어가 들립니다."

처음에는 믿기 어려웠습니다. 이미 저는 영어 속청으로 귀가 뚫린 상태였기 때문에 한글로 속청을 하는 것이 정말로 영어 실력 향상에 도움이 될지 의문이었습니다.

하지만 동시에 '만약 이게 정말 된다면 영어 속청이 어려운 사람들에게는 더 쉬운 대안이 될 수도 있겠다'는 생각이 들었습니다. 그래서 실험을 해보기로 했습니다. 2019년, 어느 '명상 단체'의 회원분들 중 영어에 대한 고민이 많고, 영포자에 가까운 12명이 모여 '한글 속청'을 함께 시작했습니다. 특히 40~50대 연령의 왕초보 수강생들이라 어차피 영어를 듣는 게 아닌 한국어를 빠르게 듣는 수업이니 부담도 작고, 머리도 좋아진다고 하니 손해 볼 건 없을 것이라는 마음으로 과감히 수업을 진행했습니다.

프로그램을 시작하기 전, 간단한 회화부터 어려운 문장까지 영어 듣기 실력을 점검하고 이후 한 달 동안은 오직 '한글 속청'만 집중적으로 훈련했습니다. 워낙 영어에 거부감이 심하고 부담스러워하는 분이 많이 있었으니까요. 영어는 전혀 하지 않았습니다. 그런데 딱 한 달 뒤, 놀라운 일이 벌어졌습니다.

참가자 12명 전원이 영어 듣기 능력이 눈에 띄게 향상된 것입니다. 한두 명의 우연이 아니라, 열두 명이 모두 영어 귀가 열리는 기적 같은 결과였습니다. 그때부터 '한글 속청'은 〈대충영어〉의 핵심 기둥이 되었습니다. 한글 속청으로 귀를 뚫은 사람들은 훨씬 빠르고 쉽게 영어를 이해했고, 영어뿐 아니라 다른 외국어 습득에도 가속이 붙었습니다.

대충 TIP

완벽해지려고 할수록
영어는 멀어진다.

틀려도 통하면 그게 영어다.

'대충'은 게으름이 아니라,
방향이다.

Que Sera Sera
– Doris day

PART 2.

세계는 이미
〈대충영어〉 시대!

실리콘밸리에서는 'Broken English'가 대세!

영어는 전 세계에서 4.7억 명 정도가 모국어로 쓰고 있고 영어로 소통할 수 있는 사람은 약 15억 명으로 추정된다고 합니다. 유튜브, 인스타그램 등 인터넷에서 가장 많이 사용되는 언어는 당연히 영어입니다. 영어는 명실상부한 글로벌 언어지요. 미국 스탠포드 대학교에서 펠로우로 근무하다가 한국 연세대에 와있는 레니 문 교수의 칼럼 (매일경제 2017. 8. 28.)을 읽어보면, 실리콘밸리에는 알아듣기 힘든 영어를 용감하게 구사하는 외국인이 많은데, 그중에서 유독 한국인들은 영어 발음이 괜찮은 편인데도 부족한 것으로 생각하는 사람이 많다고 합니다. 그 이유는 영어에 대한 고정관념과 수능 영어 절대평가에 익숙해져 입을 열기도 전에 문법부터 걱정하고 있기 때문입니다.

우리는 사투리나 다양한 원어민 발음, 그리고 독일, 인도, 일본, 동남아 등 여러 나라 사람의 영어 발음을 알아듣는 능력을 길러야 합니다. 미국에서는 이미 'Broken English', 즉 엉터리 영어가 글로벌 대세가 되어버렸기 때문입니다.

이제 영어는 완벽한 문법이나 발음의 시대가 아니라, 서로의 억양과 실수를 포용하는 시대입니다. 실리콘밸리의 회의실 안에서는 인도식 억양, 프랑스식 억양, 일본식 억양이 한 공간에 울려 퍼집니다. 중요한 건 '누가 더 정확하게 말했는가'가 아니라 '얼마나 명확히 전달했는가'입니다. 세계는 이미 대충 하지만 통하는 영어 즉, 'Broken English'의 시대입니다. 실리콘밸리의 회의실에서는 'R'과 'L' 발음을 헷갈려도, 문법이 틀려도, 중요한 아이디어만 있으면 그게 곧 언어가 되며 인도 출신 엔지니어, 독일 출신 연구자, 중국계 창업자가 각자의 억양으로 토론을 이어가고, 그 안에서 오히려 가장 낯선 억양이 가장 창의적인 아이디어를 내놓는 경우도 많다고 합니다.

'완벽한 영어'가 아니라, 자신의 생각을 자신 있게 내뱉는 영어, 그것이 글로벌 스탠더드입니다. 그런데 유독 한국인들은 여전히 '발음 콤플렉스'에 갇혀 있습니다. 미국 사람보다 더 정확하게 발음하면서도, '내가 말하면 틀릴까 봐' 입을 닫아 버립니다. 하지만 이제는 영어를 잘하려는 시대가 아니라, 영어로 자신을 표현하는 시대입니다. 두려움에서 벗어나 자신 있게 소통하는 영어를 해야 합니다. 이렇게 원어민보다 비원어민이 3배나 많고 많은 이가 '엉터리 영어'를 하고 있는데 정작 한국인은 엉터리 영어를 부담스러워하고 완벽한 영어를 구사하는 것이 맞다고 생각합니다. 그래서 매년 영어 사교육에 10조 이상을 쏟아부으면서도, 정작 원어민을 만나면 말을 더듬거나 입을 다무는 벙어리 행세를 하고 있습니다.

한국인의 영어 완벽증은 어떻게 시작되었을까요? 저는 문법 위주의 영어 교육에서 비롯되었다고 생각합니다. 우리 모두가 문법 교육에 세뇌되다 보니 한국어 문법은 틀려도 별것 아닌 것으로 생각하고 의식하지 못하면서 영어 문법은 원어민보다 더 많이 알고 틀리면 큰일이 나는 것으로 생각하는 것이지요. 제가 2015년 홍콩 총영사관에서 외교관으로 근무하게 되었을 때, 홍콩인들이 가장 많이 사용하는 광동어는 8성이라는 것을 알게 되었습니다. 어느 날 홍콩 친구에게 4성도 배우기 힘든데, 어떻게 8성으로 말하느냐고 물었더니 웃으며 "오 영사, 우리도 8성을 몰라."라고 말하더군요.

한국에 거주하는 중국인에게도 4성을 언제 배웠냐고 물어보니 유치원 때 성조를 배웠다고 대답했습니다. 저는 여기서 무릎을 치면서 깨닫게 되었습니다. 유치원이면 이미 말을 다 배운 다음입니다. 외국어를 배울 때 이론을 배우는 것이 필요하고 알아두면 편리한 것은 맞지만 문법이나 성조 등 규칙을 처음부터 배우면 외국어 말하기를 배우는 데 방해가 되는 경우가 훨씬 많다는 것을요. 영어든 중국어든 먼저 말을 배우고 그다음에 문법을 배우는 게 순리입니다.

우리가 노래를 배울 때, '도미솔 도미솔 라라라솔' 이런 음계를 먼저 배우고 노래를 부르는 일은 없습니다. 자연스럽게 노래를 들으면서 따라 하는 것이지요. 모국어를 배울 때도 마찬가지입니다. 묻고 따지지 말고 그냥 듣고 따라 하는 것이 가장 간단하고도 가장 효율적인 방법인 것입니다.

완벽하지 않아도, 통하면 충분합니다.

마윈 회장의 거침 없는 대충영어

중국 알리바바 창업자 마윈은 어릴 때부터 영어에 남다른 열정을 보인 인물로 알려져 있습니다. 그는 12살 무렵, 중학교 시절 지리 교사의 영향으로 영어 공부의 필요성을 깨닫고 외국인 관광객들에게 영어로 무료 관광 가이드를 하며 영어를 익혔다고 합니다. 매일 새벽 다섯 시, 마윈은 항저우의 어느 관광호텔로 가서 외국인 관광객들에게 무료로 도시를 안내하며 영어를 연습했습니다. 그 경험이 그의 인생의 문을 열어준 출발점이 되었습니다. 그는 교과서가 아니라 사람을 통해 영어를 배웠습니다. 단어를 외우거나 문법을 암기하지 않고, 실제 외국인과 대화하며 '진짜 영어'를 체득했습니다.

그렇게 익힌 영어는 훗날 그의 삶을 완전히 바꿔놓았습니다. 마윈은 영어를 통해 인터넷을 처음 접하게 되었고, 그 경험이 나중에 알리바바 창업의 씨앗이 되었습니다. 항저우사범대학 영어교육과를 졸업한 뒤, 졸업생 500명 중 유일하게 대학 영어 강사로 임명되었을 만큼 그의 영어 실력은 탁월했습니다. 그러나 그가 진짜로 얻은 것은 영어 실력 자체가 아니라, 영어를 통해 세상과 자유롭게 소통하는 힘이었습니다. 그는 영어 덕분에 세계와 연결되었습니다. 국제 회의와 인터뷰에서 통역 없이 직접 자신의 생각을 전했고, 각종 해외 방송에 출연해 자신과 알리바바를 전 세계에 알렸습니다. 덕분에 천문학적인 광고비를 쓰지 않고도 그 이상의 홍보 효과를 얻었습니다. 그의 언어는 단순한 커뮤니케이션이 아니라 브랜드이자 전략이었습니다.

2014년 알리바바가 뉴욕 증시에 상장될 때, 마윈은 폭스뉴스 기자의 날카로운 질문에 유창한 영어로 인터뷰를 진행했습니다. 그의 영어는 완벽하지 않았지만, 표정과 제스처, 톤에는 확신이 가득했습니다. 그의 발음은 때로 어색했고 문법도 틀렸지만, 그의 말은 힘이 있었고 메시지는 명확했습니다. 전문가들은 그의 영어를 이렇게 평가합니다.

"문법적으로 완벽하지는 않지만, 자신감이 넘치고,
메시지가 분명하며, 상대방을 끌어당기는 힘이 있다."

그의 영어에는 중학교 수준의 단어가 대부분입니다. 하지만 그 단어들이 단단한 메시지와 결합할 때, 누구보다 명쾌하고 설득력 있는 언어로 변합니다. 마윈은 복잡한 영어를 구사하지 않습니다. 오히려 단순하고 쉬운 영어로 사람의 마음을 움직입니다. 그는 영어가 '시험의 언어'가 아니라 '소통의 언어'임을 보여줍니다.

문법의 완벽함보다 메시지의 선명함이 중요하고, 유창함보다 진심이 더 큰 힘을 가집니다. 그가 구사하는 영어는 '틀림' 속에서도 자유롭고, '부족함' 속에서도 강렬합니다. 이것이 바로 〈대충영어〉가 말하는 본질입니다. 완벽하지 않아도 괜찮습니다.

문법이 틀려도, 단어가 부족해도, 내가 하고 싶은 말을 정확히 전할 수 있다면 그것이 진짜 영어입니다. 마윈은 영어를 통해 세상과 연결되었고, 그 언어를 통해 세상을 바꾸었습니다. 그의 거침없는 언어가 바로, '마윈식 대충영어'입니다.

왜 영어는 10년을 공부해도 안 될까?

한국인들은 초등학교부터 대학까지 10년 넘게 영어 공부를 하지만 정작 외국인을 만나면 제대로 말하지 못하는 경우가 많습니다. 한 통계에 따르면 한국인은 대학을 졸업할 때까지 영어 공부에 평균 2만 시간을 쏟는다고 합니다. 베스트셀러 《아웃라이어》(김영사)의 저자 말콤 글래드웰(Malcolm Gladwell)의 '1만 시간의 법칙'대로라면, 한국인은 모두 영어 천재가 되어야 마땅합니다. 하지만 현실은 정반대입니다.

그 이유는 단순합니다. 언어 습득에 필요한 것은 '시간의 총량'이 아니라 '시간의 질'이기 때문입니다. 언어를 습득하려면 최소 3,000시간의 듣기 기반 입력(Input)이 필요하지만, 한국인의 영어 학습 대부분은 시험 준비, 문법 암기, 말하기 훈련 같은 출력(Output) 중심입니다. 수백 개 문장을 외워도 시간이 지나면 쉽게 잊고, 대본을 따라 읽거나 말하기만으로는 3,000시간의 임계치를 채울 수 없습니다.

더구나 인간은 생후 12개월 무렵 '모국어의 귀'가 형성되어 이후에는 영어 소리를 구별하기가 훨씬 힘들어집니다. 따라서 성인이 된 후 영어를 배우려면 더 많은 입력과 훈련이 필요한데, 대부분은 3,000시간을 10년에 나눠 조금씩 공부하다 보니 효과가 쌓이지 않습니다. 어린아이가 말을 배우는 과정을 떠올려 보십시오. 첫 1년 동안 집중적으로 듣기만 한 뒤 급격히 말하기가 트이듯, 영어도 짧은 기간 대량의 입력에 집중해야 듣기와 말하기가 동시에 열립니다.

속청과 4배속 섀도잉 훈련은 이 문제의 해법이 될 수 있습니다. 속청은 10분에 수백~수천 문장을 입력할 수 있게 하고, 섀도잉은 뇌의 처리 속도를 끌어올려 단기간에 언어 습득 효과를 높여줍니다.《하버드 16배속 영어 공부법》(모토야마 가쓰히로, 오투오)에서도 영어 '뇌·학습 전략·시간·효율' 네 가지 요소를 각각 두 배씩 올리면 16배의 효과가 난다고 설명합니다. 이 원리를 적용하면 원래 3,000시간이 필요한 영어 학습을 300~1,000시간 안에도 달성할 수 있습니다.

결국, 영어를 10년을 공부해도 안 되는 이유는 '시간이 부족해서'가 아니라, 올바른 입력이 부족했기 때문입니다. 짧은 기간, 집중적인 듣기 입력만이 영어 학습의 진짜 돌파구가 될 수 있습니다.

Retraining your brain: 영어 난독증 4주 치유 프로그램

놀랍게도 미국에는 단 4주 동안의 방과 후 프로그램만으로 2년치 영어 공부 효과를 내는 학습법이 존재합니다. 미국 초등학교에는 영어가 모국어가 아닌 이민자 아이가 많습니다. 특히 스페인이나 남미에서 온 어린이들은 영어책을 읽는 데 큰 어려움을 겪습니다. 이들을 위해 개발된 것이 바로 영어 난독증 학생들을 대상으로 한 〈음소 훈련(Phonemic Training)〉 프로그램입니다. 언뜻 보면 책을 읽지 못하는 아이에게는 독서 훈련이 필요할 것 같지만, 이 프로그램은 오히려 '듣기 훈련'부터 시작합니다. 왜냐하면 책은 결국 말소리를 글로 기록한 것이기 때문입니다. 말소리를 제대로 구별하지 못하면 글을 읽는 것은 더 어려운 일입니다. 우리가 모국어를 배울 때 '듣기 → 말하기 → 읽기 → 쓰기'의 순서로 언어를 습득하는 것을 떠올리면 이해하기가 쉽습니다.

이 훈련의 대표적인 예가 바로 미국 Scientific Learning Corporation이 개발한 〈Fast ForWord〉 프로그램입니다. 〈타임(Time)〉지는 이 프로그램을 통해 언어 이해력을 되찾은 여섯 살 소녀, 니콜 데이비스의 사례를 보도했습니다. 니콜은 겉보기엔 영리했지만 말하기 능력과 읽기 능력이 또래보다 크게 떨어졌습니다. 2년간 언어치료를 했는데도

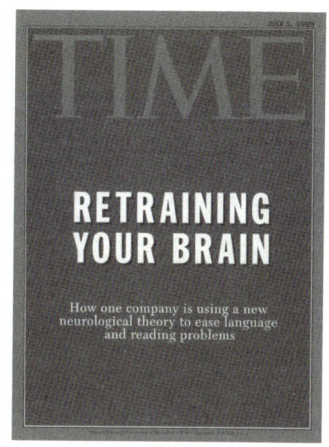

〈Time〉지 (1999.7.5) / ⓒTime USA, LLC

나아지지 않자, 어머니는 그녀를 〈Fast ForWord〉 프로그램에 등록시켰습니다. 이 프로그램은 언어 소리를 빠르게 처리하지 못하는 아이들을 돕기 위해 고안된 일종의 '비디오 게임형 언어 훈련법'으로, 언어를 인식하는 뇌의 신경 연결을 강화하는 '정신적 에어로빅(Mental Aerobics)'으로 불립니다. 니콜은 하루 100분씩, 주 5일, 6주간 이 훈련을 받았는데, 결과는 놀라웠습니다. 말을 이해하고 따라 하지 못하던 아이가 또래 수준으로 회복된 것입니다. 연구 결과에 따르면, 이 프로그램을 수행한 학습자의 90%가 단 6주 만에 언어 이해력에서 평균 1.5~2년 수준의 향상을 보였다고 합니다.

이 훈련의 핵심은 바로 〈음소 훈련〉, 즉 말소리를 이루는 가장 작은 단위인 음소를 구별하고 인식하는 능력을 기르는 것입니다. 영어

는 "b와 d"처럼 아주 미세한 소리의 차이로 의미가 바뀌는 음소 언어입니다. 그 차이를 구분할 수 있는 시간은 단 0.04초에 불과합니다. 이처럼 빠르게 변하는 소리의 차이를 정확히 인식하지 못하면, 단어는 물론 문장 전체가 흐릿하게 들리게 됩니다. 따라서 음소 훈련은 이 0.04초의 청각 처리 속도를 단련해 뇌가 더 빠르고 정밀하게 소리를 인식하도록 만드는 훈련입니다. 실제로 이 프로그램은 미국 교육부의 인증을 받아 전국 4,200개 이상의 초등학교에서 도입되었고, 그 놀라운 성과가 타임지 표지에 소개되었습니다.

이 원리는 한국의 속청 훈련에서도 똑같이 작동합니다. 《속청이 기적을 부른다》에서도 소개되었듯이, 속청을 시작한 지 불과 한 달 만에 2배속, 3배속, 심지어 4배속까지 들리게 되는 경험을 하는 학습자들이 많습니다. 처음엔 이상하게만 들리던 한국말이 어느 순간 또렷하게 구별되고, 영어 듣기 테이프가 이전엔 아무리 집중해도 들리지 않던 것이, 이제는 설거지나 청소를 하면서도 선명하게 들리게 됩니다. 이는 단순히 청취 습관이 개선된 것이 아니라, 뇌가 소리의 미세한 차이를 인식할 수 있는 새로운 신경 회로를 형성했기 때문입니다.

한국어를 빠르게 듣는 훈련을 반복하면 뇌의 청각 처리 속도가 비약적으로 향상되고, 그 결과 영어의 빠른 음소 차이까지 자연스럽게 인식할 수 있게 됩니다. 마치 스쿼트가 하체 근육을 단련해 몸의 기초 체력을 키워주듯, 속청은 청각 근육을 단련해 영어를 들을 수 있는 '청각 체력'을 만들어줍니다. 실제로 속청 훈련을 통해 한글을 빠르게 구별하는 능력이 회복된 사람들은, 영어의 빠른 발음 차이도 훨씬 명확하게 구별해냅니다. 즉, 귀가 트인다는 것은 단순히 듣기 실력이 좋아지는 것이 아니라, 뇌의 청각 처리 능력 자체가 근본적으로 바뀌는 과정입니다.

이처럼 미국의 음소 훈련 프로그램과 한국의 속청 훈련은 언어, 환경, 대상은 다르지만 공통된 과학적 원리를 기반으로 하고 있습니다. 둘 다 귀를 통해 뇌를 단련한다는 점에서, 언어 학습의 출발점을 '눈'이 아닌 '귀'에 둡니다. 그리고 바로 이 원리를 응용한 것이 〈대충영어〉의 핵심입니다. 빠른 속도의 반복 청취를 통해 청각 회로를 깨우고, 음소를 구별하는 뇌의 속도를 높여 영어가 자연스럽게 들리게 만듭니다. 결국, 귀를 훈련하면 뇌가 깨어나고, 뇌가 깨어나면 언어는 다시 살아납니다.

영어가 안 들리는 이유는 귀가 둔해서가 아니라, 뇌가 영어의 속도에 익숙하지 않기 때문입니다. 그렇기에 영어를 잘 듣기 위한 첫걸음은 단어 암기나 문법 공부가 아니라, 뇌의 청각 회로를 깨우는 일입니다. 이것이 바로 미국의 난독증 치료 프로그램이 밝혀낸 과학적 사실이며, 동시에 한국의 속청 훈련이 증명한 놀라운 원리입니다. 그렇다면 국어를 빠르게 듣는 훈련이 어떻게 영어 듣기를 바꾸어줄 수 있을까요?

비밀은 바로 뇌의 청각 처리 속도에 있습니다. 한국어를 2배속,

3배속, 4배속으로 듣는 훈련을 하면, 뇌는 0.04초 단위의 초성 차이까지 구분하는 능력을 회복하게 됩니다. 그 결과, 원래는 비슷하게만 들리던 'bad'와 'dad' 같은 영어 발음도 또렷하게 구별할 수 있게 됩니다. 마치 스쿼트가 하체 근육을 단련해 몸의 기초 체력을 키워주듯, 속청은 청각 근육을 강하게 자극하여 영어를 들을 수 있는 '청각 근육'을 만들어주는 것입니다.

이처럼 미국의 난독증 프로그램과 한국의 속청 훈련은 다른 환경에서 개발되었지만, 결국 뇌를 단련시켜 언어를 습득하게 만드는 같은 원리를 공유하고 있습니다. 그리고 이 원리를 기반으로 한 집중 훈련은, 오랫동안 영어가 들리지 않아 답답해하던 학습자들에게 단기간에 귀가 트이는 기적 같은 변화를 불러옵니다. 이제 남은 것은 이 원리를 어떻게 체계적인 훈련으로 적용할 수 있는지 살펴보는 일입니다.

서울대 영문과 학생들은 왜 영어를 못할까? 한국인만 모르는 영어의 진실

한국 사회에서 영어 학습은 오랫동안 가장 중요한 과제 가운데 하나로 여겨져 왔습니다. 이제는 어린아이가 영어유치원에 다니는 것이 흔한 풍경이 되었고, 심지어 영어유치원 입학과 어학원 수강을 준비하기 위해 '프렙(Prep) 학원'에 다니는 경우까지 생겨났습니다. 강남

대치동 학원가에서는 등록 첫날에 마감되어 줄을 서는 일이 더 이상 낯설지 않습니다. 초등학교 시절부터 시작된 영어 공부는 중·고등학교 내내 이어지고, 대학에 들어가서도 영어는 여전히 시험과 취업을 가로막는 큰 장벽으로 남아 있습니다. 많은 사람이 학창 시절 영어에 수천 시간을 쏟아붓지만, 정작 외국인을 만나면 자연스럽게 말을 이어가지 못하는 문제는 여전히 반복되고 있습니다. 심지어 서울대학교 영문과 학생들조차 졸업을 앞둔 4학년이 되어도 자유롭게 영어 회화를 구사하지 못하는 경우가 적지 않습니다.

저는 이 아이러니한 상황이 벌어진 결정적인 이유를 '암·시·망'이라고 표현합니다. 즉, '암기하고, 시험 보고, 망각한다'의 반복입니다. 지금까지의 영어 교육은 시험을 위한 '장기기억'에 치중해 왔습니다. 문법과 단어를 외우고, 모의고사 문제를 풀며, 성적을 확인하고 안도하는 과정이 반복됩니다. 그러나 실제로 남아 있어야 할 것은 '자동 기억', 즉 별도의 노력을 하지 않고도 귀가 반응하고 입이 자연스럽게 따라 나오는 수준의 기억입니다. 문제는 이 '자동 기억' 단계로 나아가지 못한다는 데 있습니다. 그래서 서울대 영문과 4학년이 영어 회화를 못하고, 서울대 중문과 4학년이 중국어 회화를 못하는 상황이 벌어집니다.

하지만 핵심은 단순합니다. 바로 '귀가 뚫리지 않았기 때문'입니다. 준비한 원고를 읽거나, 암기한 프레젠테이션을 발표하는 것은 누구나 할 수 있습니다. 그러나 예측 불가능한 Q&A에서 질문을 듣지 못하면 아무 대답도 할 수 없습니다. 즉, 듣기의 문제, 청각의 문제가 영어 학습을 가로막고 있는 것이라고 할 수 있습니다.

그렇다면 귀가 뚫린다는 것은 무엇을 의미할까요? 놀랍게도 거창한 것이 아닙니다. 불과 50개의 기초 단어를 제대로 들을 수 있느냐 없느냐의 문제입니다. 우리가 어린이 동화나 미드는 물론이고 심지어 CNN 뉴스를 들을 때도, 결국은 반복해서 등장하는 단어 몇십 개가 이해의 정도를 좌우합니다. 그러나 막상 이 50개 단어를 보여주면, 누구나 알 수 있는 수준의 단어여서 '내가 이런 기본 단어조차 못 알아듣는구나!' 하고 깜짝 놀라는 경우가 많습니다. 이 단어들을 구분해 듣느냐 못 듣느냐가 영어 학습의 성패를 좌우합니다.

자, 아래 50단어 중에서 모르는 단어가 얼마나 있나요?

i	are	this	don't	get
you	am	for	so	like
is	have	with	she	at
the	in	he	but	will
a	was	just	your	her
to	of	on	about	one
not	me	no	know	had
it	my	be	all	up
and	what	can	there	go
that	we	do	would	out

미드 〈섹스 앤 더 시티〉의 50%를 차지하는 50단어 표

서울대 영문과 학생들이 영어 회화를 못하는 이유도 여기에 있습니다. 그들은 단어를 몰라서가 아니라, 소리를 듣는 훈련을 제대로 받지 못했기 때문입니다. 실제로 서울대생을 대상으로 한 설문조사에서, 40%가량이 영어 면접에 큰 부담을 느낀다고 답했습니다. 단어는 수만 개를 외웠지만, 정작 귀가 열리지 않으니 실전에서는 대답할 수 없는 것입니다.

그러나 해결 방법은 의외로 단순합니다. 하루 30분씩 30일 동안 꾸준히 속청 훈련을 하면, 듣기 능력이 두 배 이상 향상될 수 있습니다. 귀가 열리면 단어가 연결되고, 문장이 들리며, 대화의 맥락을 따라갈 수 있게 됩니다. 이렇게 되면 영어는 더 이상 암기 과목이 아니라 실제 의사소통 도구가 됩니다.

《미드는 단 350단어로 이루어져 있다》(Cozy 지음, 김윤희 옮김, 동양북스)에서는 흥미로운 사실을 전합니다. 우리가 '네이티브의 자연스러운 영어 회화'라고 생각해온 미드의 80%가 단 350개 단어로 구성되어 있다는 것입니다. 영화 〈프렌즈〉, 〈섹스 앤 더 시티〉 등 유명 드라마 속 대화를 빅데이터로 분석하였는데, 특히 〈섹스 앤 더 시티〉의 경우, 대사의 50%가 불과 49개의 단어로 이루어져 있다는 사실입니다. 즉 우리가 이미 알고 있는 'I, you, the, is'와 같은 가장 기본적인 단어들이 실제 회화의 중심을 이루고 있었던 것이죠.

이러한 사실은 한국 영어 교육의 맹점을 드러냅니다. 서울대 영문과 4학년 학생도 영어 회화에 어려움을 겪는 이유는, 수많은 단어와 문법 지식을 '눈'으로만 익혔기 때문입니다. 정작 영어의 핵심 단어를 '귀'로 듣고 '입'으로 반복하는 훈련이 절대적으로 부족했던 것입니다.

영어를 전혀 하지 못하던 초등학교 3학년 학생이 3~4개월 동안 속청 훈련을 꾸준히 하자 만화영화 〈심슨네 가족(The Simpsons)〉의 대사가 들리기 시작했습니다. 그 비결은 어려운 단어가 아니라, 가장 빈번하게 들리는 50개의 쉬운 단어였습니다. 이 50개 단어가 귀에 익자, 전체 내용의 절반 이상을 이해할 수 있게 된 것입니다. 결국 영어 정복의 첫걸음은 수만 단어를 암기하는 것이 아닙니다. 귀로 익히는 핵심 단어를 완벽히 들을 수 있을 때, 비로소 '영어 귀'가 뚫립니다.

결국, 우리가 영어를 못하는 이유는 단순히 개인의 문제가 아니라 한국의 영어 교육이 시험 중심, 암기 중심으로 진행되어 왔기 때문입니다. 언어는 귀로 듣고, 이해한 것을 입으로 내뱉으며 익히는 것인데, 우리는 그 과정을 건너뛰고 글자와 문법만 붙잡았습니다. 이 악순환을 끊는 열쇠는 바로 귀를 뚫는 것, 즉 '소리를 제대로 듣는 훈련'입니다. 그것이 불과 50개의 단어만 들으면 된다는 사실은, 우리 모두에게 새로운 희망이 아닐까요.

앵무새의 말하기 비밀은 핵심 어휘의 반복에 있다

"영어를 잘하려면 수만 개의 단어를 외워야 한다"라는 말은 영어 교육 역사상 가장 오래된 착각일지 모릅니다. 언어 습득의 본질은 단어의 양이 아니라, 반복되는 핵심 어휘를 통해 얼마나 자연스럽게 소통할 수 있느냐 하는 것입니다.

앵무새 영상

이번 페이지의 QR코드를 스캔하여 유튜브에서 화제가 된 앵무새 '아인슈타인'을 영상을 보겠습니다. 이 앵무새는 단 200개의 단어만으로 주인과 자유롭게 대화합니다. 놀라운 점은, 그가 문법을 배운 적이 없다는 사실입니다. 오직 듣고, 흉내 내고, 반복하는 것만으로 상황에 맞게 대화를 이어갑니다. '오늘 날씨 어때?', '사랑해', '그건 싫어' 같은 문장을 구사하며, 기분에 따라 말투를 바꾸고, 심지어 농담도 합니다. 문법을 배우기는커녕 학교에 다닌 적도 없는 앵무새가 어떻게 이런 '소통'을 해내는 걸까요?

비밀은 바로 반복과 리듬입니다.

앵무새는 뇌에 입력된 소리를 패턴으로 저장합니다.

"How are you?": 3개 단어

"I'm good, thanks.": 3개 단어

"What's your plan today?": 4개 단어

"Just work and coffee": 4개 단어

같은 짧은 문장 패턴이 반복될수록, 그 리듬과 억양이 그대로 뇌에 각인됩니다. 인간의 언어도 마찬가지입니다. 언어학자 폴 네이션(Paul Nation) 또한 "일상 회화의 80%는 200~300개의 단어로 이루어진다"라고 밝힌 바 있습니다. 실제로 일상 대화의 80~85%는 불과 200개의 단어 안에서 이루어집니다. 우리가 원어민의 대화를 들을 때 복잡하게 들리지만, 그 속을 뜯어보면 'I, you, the, go, want, like, can, today' 같은 고빈도 단어의 조합이 대부분입니다. 결국 영어 회화란 수천 개의 단어를 외워서 말하는 게 아니라, 단어 패턴을 익숙하게 반복하는 과정입니다.

하지만 문제는, 인간의 뇌가 너무 똑똑하다는 데 있습니다. 우리는 앵무새보다 10배나 높은 인지능력을 지니고 있지만, 그 때문에 언어를 이해하려 들고, 문법을 적용하려 합니다. 머리로 계산하며 말을 만들려는 순간, 언어는 자동이 아닌 수동이 됩니다. 반면 앵무새는 생각하지 않고 흉내 냅니다. 듣는 즉시 말로 복제하는 훈련을 반복하며, 어느 순간 소리가 의미로 연결됩니다. 이것이 바로 앵무새 학습법, 즉 '암기와 문법 없이 반복으로 익히는 언어 습득'의 원리입니다.

인간의 언어 능력은 본질적으로 앵무새보다 훨씬 복잡하지만, 작동 방식은 같습니다. 반복과 리듬, 즉 '귀로 듣고 입으로 따라 하는 자동 회로'가 형성될 때, 비로소 언어가 살아납니다. 앵무새는 문법을 몰라도 말하고, 우리는 문법을 알아도 말하지 못합니다. 그 차이는 지능이 아니라 훈련의 방향에 있습니다. 앵무새의 200단어는 단순한 흉내의 언어가 아닌 언어의 본질, 소리의 패턴이 곧 의미가 되는 지점을 보여주는 증거입니다.

"It's not about knowing more words. It's about using fewer words better."

— 앵무새의 지혜

영어 회화를 대충 하는 나라, 핀란드

2019년 토플 주관 기관의 발표에 따르면, 한국인의 영어 말하기 순위는 171개국 중 132위로 나타났습니다. 이는 10년 전 121위보다 오히려 순위가 하락한 것이자 소말리아나 우간다보다도 낮은 충격적인 순위로, 한국 영어 교육의 총체적 실패를 보여줍니다. 그 원인은 무엇일까요? 바로 실용성과는 거리가 먼 '문법과 시험 위주'의 교육 때문입니다.

이러한 우리의 현실과 극명하게 대비되는 나라가 바로 핀란드입니다. 영어가 모국어는 아니지만, 현재는 국민의 70%가 영어를 구사하고 영어 말하기 능력 세계 3위를 자랑하는 영어 강국입니다. 시장의 노점상 아주머니도 자신감 있게 영어로 대화하는 나라인 핀란드의 비결은 과연 무엇일까요? 핀란드는 문법 교육이 오히려 영어 말하기에 방해가 된다는 사실을 깨닫고, 1990년 학교에서 영어 문법 교육과 시험을 과감히 폐지했습니다. 대신 TV에서 외국 영화나 드라마를 자막 없이 방영하는 등, 생활 속에서 영어를 자연스럽게 듣고 말하는 환경을 조성하는 데 집중했습니다. 그 결과, 핀란드인들은 문법적 완벽함에 대한 의무감에서 벗어나 '소통'이라는 언어의 본질에 집중할 수 있었고, 이는 폭발적인 영어 실력 향상으로 이어졌습니다.

한국 영어 교육은 하루 5만~7만 가지 생각으로도 벅찬 학습자의 뇌에 불필요한 문법 지식을 과도하게 주입하며, 인지적 부담만 가중하고 있습니다. 핀란드의 성공 사례는 우리에게 명확한 길을 제시합니다. 시험을 위한 영어가 아닌, 소통을 위한 영어로 교육의 패러다임을 전환해야 합니다. 문법의 족쇄를 풀고 듣기와 말하기 중심의 실용 교육으로 나아갈 때, 비로소 한국인도 영어라는 언어로부터의 진정한 해방을 맞이할 수 있지 않을까요?

핀란드의 영어 교육에 대한 통찰로 한국형 해법을 찾다!

핀란드는 영어 교육의 외부 환경을 바꾸었다고 말씀 드렸습니다. 학

STEP 3. 자동 기억-잠재의식

STEP 2. 섀도잉-따라 말하기

STEP 1. 속청-빠르게 듣기

교에서는 문법 시험을 없애고, 일상에서 자연스럽게 영어를 듣고 말할 수 있는 시스템을 만들었습니다.

하지만 한국에서 그런 교육 개혁을 단기간에 실현하기란 현실적으로 어렵습니다.

입시 구조, 교사 평가, 학부모의 기대까지 모두 시험 중심의 틀 안에 묶여 있기 때문입니다. 그래서 핀란드가 '환경'을 바꾸었다면, 〈대충영어〉는 '뇌의 환경'을 바꾸는 방식을 택했습니다. 즉, 외부 환경이 아니라 학습자의 두뇌 속에서 언어를 받아들이는 회로 자체를 재설계한 것입니다. [PART 5. 〈대충영어〉 30일, 영어 귀가 뚫린다]에서 더 자세히 다루겠지만, 그 핵심에는 세 가지 훈련법이 있습니다. 바로 속청, 스피드 섀도잉, 그리고 외우지 않는 자동 기억입니다.

속청(Speed Listening)은 일반 속도보다 빠른 속도(1.5~4배속)로 듣는 훈런법입니다.

　한국어 속청은 영어 훈련의 기초로서 뇌의 청각 반응 속도와 집중력을 높이고, 정보 처리 속도를 향상합니다. 이 훈련을 통해 뇌는 '빠른 소리'를 인식할 준비를 하게 되며, 그 후 영어 속청으로 넘어가면 드라마, 영화, 뉴스 속의 영어가 자연스럽게 들리기 시작합니다. 즉, 속청은 귀를 여는 훈련이자, 영어 학습의 엔진에 시동 거는 단계입니다. 처음 2배속으로 들으면 알아듣지 못하지만, 이 속청을 반복해서 들으면 서서히 알아듣게 되는데, 여기에 과학적 원리가 숨어 있습니다. 2.8배속 이상의 속청을 알아듣게 되면 베르니케 중추 내부는 시냅스 접합의 긴밀성으로 뇌 속의 네트워크가 더욱더 치밀해지며, 이 상태가 계속되면 잠자고 있던 뇌 신경세포가 활성화하기 시작하여 잠재 능력이 나타나기 시작합니다. 이처럼 속청 훈련은 단순히 영어 교육에만 국한되지 않고, 두뇌의 전반적인 능력을 높일 수 있습니다. 장기적인 반복훈련을 통해 일시적이 아닌 항구적인 정보 처리 능력이 향상되고, 학습자가 자신도 모르게 귀를 트이고 언어를 활용할 수 있는 단계로 발전할 수 있습니다.

　청각을 통해 소리가 뇌로 빠르게 전달되면 언어 영역을 담당하는 좌뇌만으로는 빠른 대량의 정보를 처리할 수 없으므로 언어 전체를 이미지로 파악하기 위해 전뇌의 네트워크가 활성화되어 우뇌의 움직임이 활발해집니다. 그 결과 좌뇌와 우뇌의 기능을 균형 있게 발전시켜 잠자고 있던 잠재 두뇌력을 개화시킵니다.

속청 훈련을 통해 베르니케 중추가 활성화되고 뇌 신경망이 치밀해지면, 한국인에게는 잘 들리지 않던 영어 발음이 불과 4주 만에 잘 들리게 되는 기적을 경험할 수 있습니다. 특히 《속청이 기적을 부른다》에서는 속청을 시작한 지 한 달 만에 4배속까지 들리고, 처음 들었을 때 이게 한국말인가라는 의심이 들었지만 곧 4배속도 들리기 시작한다는 걸 증명했습니다. 집중해도 잘 들리지 않던 영어 듣기 테이프가 속청을 하고 난 뒤에는 다른 일을 하고 있어도 뚜렷하게 들린다는 내용이 실려 있습니다. 막힌 영어 귀를 뚫고, 뇌의 청각 처리 능력을 극대화하여 '이해할 수 있는 입력'의 기반을 다집니다.

섀도잉(Shadowing)은 영어 단어 'shadow(그림자)'에서 따온 이름처럼, 원어민의 음성을 그림자처럼 즉각적으로 듣고 동시에 따라 말하는 훈련 방법입니다. 통역사들이 훈련할 때 사용하는 대표적인 방법으로, 소리를 들으며 동시에 발음과 억양, 리듬, 속도를 복제함으로써 듣기와 말하기를 동시에 훈련하는 효과적인 방법입니다. 이것은 단순히 듣기만 하거나, 듣고 나서 따라 말하는 '따라 말하기'와는 다릅니다. 원어민의 음성을 들으면서 거의 동시에, 1초도 지체하지 않고 마치 메아리처럼 따라가는 것이 핵심입니다. 섀도잉은 우리 인간이 말을 배우는 가장 원초적인 학습 방식과 닮았습니다. 아기들이 엄마·아빠의 말을 끊임없이 듣고, 그 소리를 흉내 내며 옹알이하는 과정과 유사합니다. 노래를 들으면서 자연스럽게 흥얼거리며 따라 부르는 것과도 비슷하죠. 이러한 본질적인 특성 덕분에 섀도잉은 여러 가지 학습 효과를 동시에 가져다줍니다. 첫째로 듣기 능력이 향상됩니다. 원어민의 빠른 발음과 연음, 억양, 리듬을 실시간으로 따라가기 위해 귀를 집중해야 하므로 듣기 능력이 비약적으로 향상됩니다. 둘째, 말하기 능력이 향상됩니다. 듣는 즉시 소리를 모방해야 하므로 정확한 발음과 억양을 자연스럽게 익히고, 말을 유창하게 하는 데 필요한 근육 움직임(조음 기관)을 훈련합니다. 셋째, 기억력 향상입니다. 듣고 말하는 활동을 동시에 하면서 뇌를 강하게 자극하여 언어 정보를 기억하고 재생산하는 능력을 강화합니다.

마지막으로 섀도잉은 고도의 집중력을 요구하는 활동입니다. 빠르게 흘러가는 음성을 놓치지 않고 따라가려면 다른 생각을 할 틈이 없습니다. 이는 전반적인 학습 집중력을 높이는 데 도움을 줍니다.

따라서 동시 통역사들은 실시간으로 언어를 듣고 분석하며 즉각적으로 다른 언어로 재구성해야 하는데, 섀도잉은 이러한 '초고속 정보 처리 능력'과 '동시 수행 능력'을 기르는 데 최적화된 훈련이기 때문입니다.

잘못된 '가짜 섀도잉'의 함정에 빠지지 않아야 한다

가짜 섀도잉이란, 소리가 잘 들리지 않거나 이해가 되지 않는다는 이유로 스크립트(대본)을 보면서 섀도잉을 하는 것을 말합니다. 언뜻 보기에는 듣고 따라 하니 똑같은 섀도잉으로 생각할 수 있지만, 이는 섀도잉의 본질을 완전히 왜곡하는 행위입니다.

만약 스크립트에 의존하여 섀도잉을 하게 된다면 어떻게 될까요? 귀로 소리를 듣는 것이 아니라, 눈으로 글자를 보고 읽는 것에 집중하게 됩니다. 이는 결국 '듣기 훈련'이 아니라 '낭독(소리 내어 읽기)' 훈련이 되어버립니다. 뇌는 눈으로 정보를 먼저 처리하기 때문에, 청각 자극에 둔감해지고 영어 귀를 뚫는 데 아무런 도움이 되지 않습니다. 또한 스크립트가 있기에 '내가 들었다'고 착각하며, 실제로는 들리지 않는 소리를 어설프게 따라 하게 됩니다. 정확히 듣고 모방하는 과정이 생략되니, 잘못된 발음과 억양이 고착될 위험이 큽니다. 마지막으로 스크립트 없이는 아무것도 할 수 없는 상태가 되어, 실전에서는 여전히 귀머거리 상태로 남게 됩니다. 즉 스크립트를 보고 하는 섀도잉은 듣기 능력 향상이라는 섀도잉의 핵심 목표를 방해하고, 언어 습득의 자연스러운 과정(입력-습득-출력)을 거스르는 비효율적인 방법입니다. 마치 시험 문제를 풀 때 답안지를 미리 보고 푸는 것과 같습니다. 답은 알겠지만, 스스로 문제를 해결하는 능력은 길러지지 않는 것이죠.

따라서 이러한 '가짜 섀도잉'의 함정에 빠지지 않기 위해 〈대충영어〉는 여기에 '속청'을 결합하여 2~4배속의 '스피드 섀도잉'을 실행하고 있습니다. 스피드 섀도잉은 1배속 음성부터 시작하여 2배속, 3

배속, 4배속을 넘어 심지어 8배속까지 점진적으로 속도를 높여가며 섀도잉을 하는 것입니다. 처음에는 매우 어렵게 느껴지겠지만, 뇌의 가소성을 최대로 활용하여 듣기, 말하기, 집중력을 한번에 폭발적으로 향상할 수 있습니다. 또한 10분에 900개 문장을 뇌에 입력할 수 있는 효율성을 제공하여 영어를 습득하는 데 필요한 3,000시간을 300시간 이하로 단축시키는 마법을 부릴 수 있습니다. 이는 일반적인 학습법에 비해 10배에서 100배 높은 효율을 자랑합니다. 하지만 처음부터 4배속 섀도잉을 하기는 어렵습니다. 따라서 한국어 속청으로 '영어 귀'를 뚫는 1단계 과정을 거치고, 낭독 훈련으로 말하기 기초를 다진 후, 2배속부터 점진적으로 속도를 높여가는 5단계 학습법을 통해 누구나 스피드 섀도잉을 할 수 있도록 돕고 있습니다. 심지어 60대 영포자들도 4배속 섀도잉을 성공적으로 수행하고 있습니다. 이제 '진짜 섀도잉'의 힘을 믿고, 여러분의 영어 말하기를 '암기'가 아닌 '자동 기억'으로 끌어올릴 때입니다.

　우리는 학교에서 영어 단어를 외우고, 문법 규칙을 암기하고, 심지어 영어 지문을 통째로 외우는 데 익숙합니다. 시험을 잘 보기 위해서는 '암기'가 필수라고 배웠으니까요. 열심히 외웠는데도 돌아서면 잊어버리는 허무함, 그것이 바로 '열공 영어'의 가장 큰 함정 중 하나입니다. 그렇다면 어떻게 해야 외우지 않고도 영어가 저절로 기억되고, 실전에서 막힘없이 튀어나올까요? 그 비밀은 바로 '자동 기억'에 있습니다.

영어 회화는 시험처럼 '단기기억'으로 해결될 수 없습니다. 실전에서 상대방의 말을 듣고 즉각적으로 반응하려면, 문장이 머릿속에서 자동으로 튀어나와야 합니다. 이를 위해서는 암기하고 시험을 본 후 잊어버리는 악순환, 즉 '암시망(암기-시험-망각)'을 끊어내야 합니다. 그렇다면 의식적인 암기 대신, 뇌가 중요하다고 인식하여 스스로 저장하도록 만드는 과정이 필요합니다. 뇌의 해마(hippocampus)에서 중요하다고 생각하고 장기기억으로 보내는 기준은 '정보가 입력될 때의 감정의 강도'와 '정보의 반복 횟수'입니다. 자동 기억은 이 두 가지 요소를 극대화하여 외우지 않아도 저절로 기억되는 기적을 만들어냅니다.

〈대충영어〉의 '자동 기억 학습법'은 모국어 습득 방식의 과학을 그대로 따르며 '이해 가능한 입력'의 무한 반복입니다. 속청과 스피

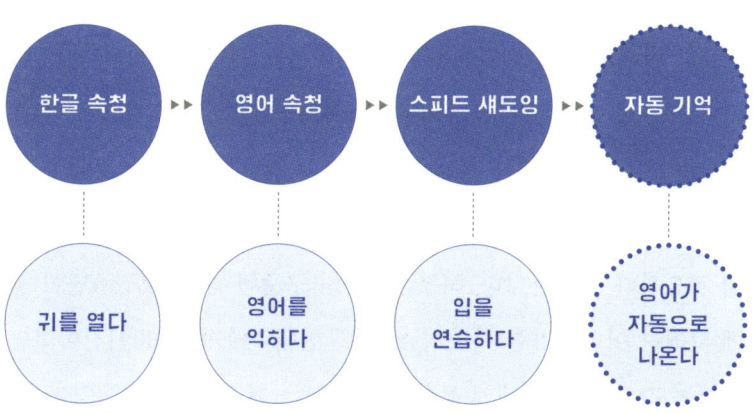

드 섀도잉을 반복하는 과정에서, 뇌는 문장을 '암기'가 아닌 '리듬'으로 저장합니다. 이는 마치 자전거를 배운 뒤 더 이상 잊지 않는 것처럼, 소리 패턴이 잠재의식 속에 각인되어 영어가 무의식적으로 흘러나오는 단계입니다. 〈대충영어〉는 핀란드식 몰입 교육이 불가능한 한국의 현실에서, 학교 제도를 바꾸지 않아도, 교과서를 다시 쓰지 않아도, 한 개인이 '속청 – 섀도잉 – 자동 기억'의 루틴을 통해 자신의 뇌를 최상의 언어 환경으로 전환할 수 있습니다. 결국 영어를 잘하기 위해 필요한 것은 새로운 시험 제도도, 완벽한 교재도 아닙니다. 귀를 열고, 리듬을 익히며, 반복 속에서 자동화되는 경험입니다. 우리도 이제 뇌의 속도를 바꿔 영어를 되찾을 차례입니다.

효율을 10배 높이는 '알파고 학습법'

우리는 앞에서 외우지 않아도 영어가 저절로 기억되는 '자동기억'의 비밀을 알게 되었습니다. 하지만 여전히 마음속에 남는 질문이 있을 겁니다. '그렇게 영어를 잘하려면 얼마나 많은 시간을 투자해야 하지?' 보통 외국어를 마스터하려면 3,000시간에서 많게는 1만 시간까지 필요하다고 말합니다. 하루 1시간씩 꾸준히 공부해도 10년이 넘게 걸리는 어마어마한 시간이죠. 바쁜 현대인에게 3,000시간이라는 숫자는 감히 엄두도 내지 못할 장벽처럼 느껴집니다. 〈대충영어〉에서 이 불가능해 보이는 긴 시간을 단축하는 방법으로 '알파고 학습법'을 강조하고 있습니다. 알파고 학습법이라는 이름은 2016년 바둑 천재 이세돌 9단을 꺾으며 전 세계를 놀라게 했던 인공지능 '알파고'에서 따왔습니다. 알파고가 세계 최고의 바둑 기사들을 무너뜨릴 수 있었던 비결은 무엇이었을까요? 바로 세상의 수많은 바둑 기보(바둑을 두었던 기록)를 전부 분석하고 학습하는 '빅데이터' 기반의 압도적인 효율성에 있었습니다. 인간이 평생 동안 학습할 수 있는 양을 단기간에 몰아 넣어 최적의 결과를 찾아낸 것이죠. 〈대충영어〉의 알파고 학습법도 마찬가지입니다. 이는 '아주 많은 양의 입력(Input)'을 단기간에 집중적으로 처리하여 학습 능률을 최대로 끌어올리는 방법이지요.

언어 습득은 마치 물이 100도에서 끓는 것과 같습니다. 99도까지 아무리 오래 데워도 물은 끓지 않습니다. 하지만 100도에 도달하는 순간, 폭발적인 변화가 일어납니다. 영어도 마찬가지입니다. 매년 300시간씩 10년에 걸쳐 3,000시간을 채우는 것보다, 짧은 기간에 집중적으로 3,000시간에 준하는 입력량을 채우는 것이 훨씬 중요합니다. 어린아이는 첫 1년 동안 엄청난 양의 언어를 듣고 입력하며 임계점에 도달합니다. 그리고 이 임계점을 넘어서는 순간, 옹알이가 터지고, 한 단어, 두 단어를 거쳐 말하기 능력이 급격하게 발달합니다. 이처럼 언어는 총량도 중요하지만 그 총량을 얼마나 짧은 시간 안에 집중적으로 투입하느냐가 핵심입니다. 하루 2시간씩 6개월 공부하는 것과 하루 6시간씩 2개월 공부하는 것이 총 시간은 같아도, 효과에서는 전혀 다른 결과를 불러오는 이유가 여기에 있습니다. 집중 학습은 뇌에 강력한 자극을 주어 학습 내용을 '장기기억'으로 빠르게 전환하는 데 필수적입니다.

그렇다면 어떻게 바쁜 일상 속에서 3,000시간에 해당하는 '폭발적인 입력'을 단기간에 달성할 수 있을까요? 바로 '속청'과 '스피드 섀도잉' 두 가지 핵심 훈련이 이를 가능하게 합니다. 〈대충영어〉의 기초회화 100문장은 약 200개 단어로 구성되어 있습니다. 이 100문장을 2배속 스피드 섀도잉으로 연습하면 단 3분밖에 걸리지 않습니다. 섀도잉은 3배의 입력 효과를 불러오므로, 하루 10분씩 3회(총 30분)만 섀도잉을 해도 900문장 이상의 입력 효과를 냅니다. 이는 기존 학습법이 10분에 30문장을 공부하는 것과 비교하면 30배에서 60배 높은 효율입니다. 2배속, 3배속 섀도잉을 넘어 4배속, 심지어 8배속 섀도잉까지 가능해지면 하루에 6시간 공부할 것을 1~2시간 안에 끝낼 수 있게 됩니다. 즉, 3,000시간이라는 영어 습득 시간을 최소 1,000시간, 많게는 300시간 이내로 압축하여 소화할 수 있게 되는 것이죠.

대충 TIP

영어는 입이 아니라
귀에서 시작된다.

한국어 빠르게 듣기는
영어 귀의 문을 연다.

뇌가 익숙해지면,
영어는 저절로 외워진다.

I have a dream
― Abba

PART 3.

〈대충영어〉 3대 원칙: 대충 하라, 외우지 마라, 짧게 하라

이제 외우지만 말고, 진짜 자신의 이야기를 해보세요

영어는 외워서 익히는 언어가 아닙니다. 입에서 나온 소리가 다시 귀로 들어올 때, 뇌의 언어 회로가 활성화되고 이 과정이 반복될수록 '자동 기억 회로'가 형성됩니다.

그때부터 영어는 암기의 대상이 아니라 자연스러운 반응의 언어가 됩니다. 그래서 영어는 반드시 큰 소리로, 몸이 기억할 때까지 발음해야 합니다. 내가 낸 소리가 내 귀로 들어오고, 그 소리가 뇌 속에 각인될 때 언어는 '지식'이 아니라 '감각'으로 변합니다. 쉬운 단어라도 반복해서, 그리고 상황을 바꿔 다양하게 사용해보는 훈련이 중요합니다.

예를 들어 'good' 하나로도 good day, good idea, feel good처럼 다양한 조합을 만들어보는 과정이 바로 뇌의 자동화 회로를 강화하는 길입니다. 무엇보다 중요한 것은 '내 이야기'로 영어를 연습하는 것입니다. 내가 한 문장은 감정과 기억이 연결되어 훨씬 오래 남습니다. 감정이 개입된 문장은 단순한 정보보다 최소 3배 이상 강하게 기억되며, 이것이 바로 영어를 '내 언어'로 만드는 출발점입니다.

그래서 〈대충영어〉 프로그램의 마지막 단계, 5단계에서는 학습자가 자신의 이야기를 영어로 1분간 스피치하는 훈련으로 과정을 마무리합니다. 말하는 도중에 영어 단어가 떠오르지 않으면 주저하지 말고 빠르게 한국어로 이어가고, 다시 영어가 떠오르면 자연스럽게 영어로 전환합니다. 이렇게 두 언어를 오가며 말하는 훈련이 반복되면, 뇌의 언어 회로(베르니케 영역)와 발화 회로(운동피질)가 동시에 활성화되어 영어 말하기가 의식적인 번역이 아닌 자동 반응으로 자리 잡습니다.

'내 입에서 나온 소리가 내 귀를 거쳐, 내 뇌 속에 각인된다.'

영어가 진짜 내 것이 되는 순간입니다. 오랜 시간 영어를 외워도 실력이 늘지 않아 답답했다면, 이제는 방법을 바꿔야 합니다. 크게 말하고, 반복하고, 나의 이야기로 표현하는 것, 그것이 영어를 '공부의 영역'에서 '습득의 영역'으로 옮기는 전환점입니다. 그리고 그 여정의 마지막, 1분 스피치 속에서 당신은 외운 문장이 아니라 진짜 자신의 영어로 말하게 될 것입니다.

한글 속청이 영어 귀를 뚫는 원리

우리가 매일 사용하는 '한글'과 '한국어'가 사실은 영어 발음을 정복하는 데 가장 강력한 비밀 무기가 될 수 있다는 사실을 알고 계신가요? 그 우수성은 세계적으로도 널리 인정받고 있습니다. 1997년 유네스코는 한글의 우수성과 과학성을 높이 평가하며 훈민정음을 '세계기록유산'으로 등재했고, 인도네시아의 찌아찌아족은 실제로 자국어 표기를 위해 한글을 도입했습니다.

한글의 가장 큰 위력은 바로 압도적인 발음 표현 능력입니다. 일본어가 약 300개, 중국어가 400~550개의 발음을 표현할 수 있는 반면, 한국어는 이론적으로 8,800개, 현재 표준어만으로도 3,078개의 발음을 표현할 수 있습니다. '맥도날드'를 일본에서는 [마끄도나르도], 중국에서는 [마이당라오]라고 부르는데 이렇게 원음과 다소 다르게 발음할 수밖에 없는 이유가 바로 여기에 있습니다. 한글은 이처럼 다른 언어가 흉내 내기 힘든 소리까지 원음에 가깝게 표기할 수 있는 뛰어난 도구입니다. 심지어 일부 외국인들은 한국어의 복잡하고 정교한 발음 체계 때문에 '악마의 언어'라고 농담 섞인 표현을 하기도 합니다.

이러한 한국어의 특징은 뇌과학적으로도 영어 학습에 매우 유리하게 작용합니다. 일본의 뇌과학자 가와시마 류타 교수에 따르면, '낭독(소리 내어 읽기)'은 뇌를 가장 활성화하는 행동이며 일본어로 낭독할 때 300개의 발음으로 뇌를 훈련한다고 합니다. 한국인인 우리는 그보다 10배 이상 많은 3,000여 개의 발음으로 뇌를 훨씬 더 강력하게 단련할 수 있는 잠재력을 지닌 셈입니다. '서울대 암기왕'으로 어느 TV 프로그램에 출연하여 유명해진 오정우 학생은 모든 과목을 '낭독'으로 공부하여 최고의 학습 효과를 거둔 비결도 바로 이 원리에 있다고 했습니다. 낭독은 시각 기관, 청각 기관, 발성 기관을 동시에 사용하여 뇌를 입체적으로 자극하고 기억력을 극대화합니다.

그렇다면, 한글 속청이 귀를 뚫는 원리는 과연 무엇일까요?

첫째, 한국어 속청과 섀도잉(낭독) 훈련을 통해 우리의 뇌와 발성 기관을 먼저 단련하고, 세계 최고의 발음 도구인 한국어로 뇌의 '영어 근육'을 키우는 것, 이것이 바로 영어를 가장 빠르고 효과적으로 정복하는 한국인만의 비결입니다. 한글 속청은 영어를 배우는 과정에서 뇌의 청각 회로를 단련하는 예열 단계입니다. 한국어를 빠른 속도로 듣고 따라 하며, 뇌가 빠른 리듬과 고주파음에 적응하도록 훈련하는 것이죠. 특히 영어의 고주파 음역대(1000~3000Hz)에 민감성이 증가하여 영어 소리를 더 잘 인식할 수 있게 됩니다.

둘째, 뇌의 언어 처리 능력 향상입니다. 속청 훈련은 뇌의 베르니케 중추를 자극하여 언어 이해 능력을 강화합니다. 이 중추는 언어의 의미를 해석하는 데 중요한 역할을 하며, 한글 속청을 통해 이 부분이 활성화되면 영어를 들을 때도 더 나은 이해도를 보일 수 있습니다.

셋째, 반복적 노출과 자동화입니다. 한글 속청을 통해 사용자는 특정 패턴이나 어휘에 반복적으로 노출됩니다. 이러한 반복적인 노출은 뇌가 해당 정보를 자동으로 처리하도록 돕고, 이는 영어 듣기에서도 유사한 효과를 불러옵니다.

넷째, 우뇌의 활성화입니다. 속청 훈련은 좌뇌 중심의 논리적 사고에서 벗어나 우뇌 중심의 감성적 이해로 전환하게 만듭니다. 우뇌는 전체 문맥과 의미를 감성적으로 이해하는 데 도움을 주며, 이는 빠른 속도로 진행되는 언어를 이해하는 데 유리합니다. 결론적으로, 한글 속청은 청각 훈련을 통해 귀의 민감성을 높이고, 뇌의 언어 처리 능력을 강화하며, 반복적 노출로 정보 처리를 자동화하고 우뇌를 활성화함으로써 영어 듣기 능력을 향상하는 데 기여합니다. 이러한 과학적 메커니즘들은 학습자가 영어를 보다 자연스럽고 효과적으로 이해할 수 있도록 돕습니다.

영어 실력뿐만 아니라 전반적인 뇌 기능의 향상에도 도움을 주는 속청 학습을 해보지 않을 이유가 없지 않나요?

4배속 스피드 섀도잉의 특별한 효과

스피드 섀도잉(Speed Shadowing)은 원어민의 말을 거의 동시에 따라 하며 발음, 억양, 리듬을 그대로 흡수하는 훈련으로, 듣기와 말하기 능력을 동시에 향상하는 가장 효과적인 언어 학습법 중 하나입니다. 제가 이 책에서 자주 강조하고, 알려드리고 싶은 학습법입니다. 그러나 〈대충영어〉의 4배속 섀도잉은 단순한 섀도잉을 넘어, 뇌의 한계를 시험하는 고속 훈련입니다.

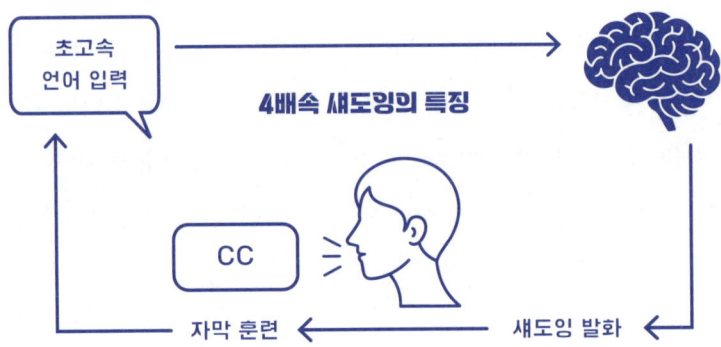

평균보다 네 배 빠른 속도로 재생되는 음성을 듣고 실시간으로 따라 말하는 과정에서, 우리의 두뇌는 평소보다 훨씬 빠르게 정보를 처리해야 하며, 이때 뇌의 청각·언어·운동 회로가 동시에 작동합니다. 그 결과 시냅스가 촘촘하게 연결되고 정보 처리 속도가 비약적으로 향상됩니다. 언어를 담당하는 베르니케 영역과 발성기관을 제어하는 운동 피질, 사고와 판단을 담당하는 전두엽이 하나의 네트워크로 묶이면서 초고속 두뇌 처리 시스템이 가동되는 것이죠.

이 과정에서 단순히 듣는 능력만이 아니라, 혀·입술·성대 등 발성기관의 근육 반응성도 함께 향상되어 뇌에서 명령이 떨어지는 즉시 발음이 반응하는 수준으로 진화합니다. 말하자면, 4배속 섀도잉은 '영어를 생각해서 말하는 뇌'가 아니라 '즉시 반응하는 뇌'로 바꾸는 과정입니다. 이 훈련은 또한 불필요한 정보를 걸러내고 핵심 자극에 집중하도록 훈련하기 때문에 집중력과 선택적 주의력까지 높여 줍니다.

실제로 빠른 속도로 재생되는 문장을 동시에 듣고 말하려면 눈으로 자막을 따라가며 청각과 시각, 그리고 운동 기능을 사용해야 하므로, 뇌의 전 영역이 활성화됩니다. 이러한 다중 자극은 작업기억(Working Memory)을 강화해 짧은 시간에 더 많은 정보를 처리하고 즉각적으로 재생산할 수 있는 능력을 길러 줍니다.

따라서 4배속 섀도잉은 뇌의 인지 처리 속도와 반응 속도, 집중력을 극대화하는 뇌 훈련입니다. 특히 한글 속청으로 이미 청각 회로를 예열한 학습자라면, 4배속 섀도잉을 통해 뇌의 정보 처리 능력을 폭발적으로 끌어올릴 수 있습니다. 한국어로 훈련된 청각 감각이 영어의 고주파 음역대에 대한 민감도를 높이고, 이 효과가 영어뿐 아니라 다른 외국어 학습으로까지 전이되는 것입니다. 하루 10분, 4배속 섀도잉 훈련을 3개월만 지속해도 언어 처리 속도와 기억 효율은 몇 배 이상 향상됩니다. 단순히 영어를 빨리 듣는 연습이 아니라, 뇌를 영어식으로 가속하는 훈련이 되는 것이죠.

이번 페이지에 담긴 QR코드를 통해 실제 수강생의 4배속 섀도잉의 학습 방법을 직접 확인해 볼 수 있습니다. 초집중 상태에서 빠르게 듣고, 말하고, 즉시 반응하는 그 리듬은 '공부'의 영역을 넘어 '뇌의 진화' 그 자체에 가깝습니다. 결국 4배속 섀도잉은 영어 학습을 위한 도구가 아니라, 뇌와 신체의 반응 속도를 동시에 강화하는 언어 기반의 두뇌 강화 프로그램이며, 빠른 소리 속에서 언어와 뇌가 하나로 맞물리는 바로 그 순간, 우리는 영어를 '이해하는 뇌'에서 '반응하는 뇌'로 진화하게 됩니다.

수강생
4배속 섀도잉

도파민이 터지는 영어 공부로 완벽함보다 즐거움을!

도파민은 뇌에서 분비되는 행복 호르몬이자 동기 호르몬입니다. 무언가에 흥미를 느끼거나 성취감을 얻을 때, 도파민이 분비되어 '더 하고 싶다'는 욕구를 만들어냅니다. 즉, 도파민이야말로 공부를 지속 하게 하는 원동력입니다. 언어 학습도 마찬가지입니다. 억지로 외우 고, 실수하지 않으려 긴장하며, 완벽하게 하려는 순간 우리 의 뇌는 스트레스를 느끼고 도파민 분비가 멈춥니다. 반대로 실수해도 웃고, 말이 꼬여도 '재밌다'고 느끼면 그 순간 도파민이 분비되고, 뇌가 언 어를 흡수하기 시작합니다. 그래서 영어는 잘하려고 하면 막히고, 즐 겁게 하면 실력이 놀라울 정도로 빨리 향상됩니다. 완벽주의는 도파 민의 적입니다. 많은 사람이 '틀리면 안 된다'는 마음으로 영어를 대 합니다. 문법이 틀릴까, 발음이 어색할까 걱정하며 입을 닫습니다. 하지만 아이가 "엄마"를 "암마"라고 말할 때, 그 발음을 지적하는 부 모는 없습니다. 그 순간 아이는 칭찬을 받고, 기쁨이 도파민으로 연 결되며, 결국 언어를 터득하게 됩니다. 언어는 본래 이렇게 배워야 합니다. 틀려도 말하고, 틀려도 웃으면서, 그래도 다시 시도하는 것. 그 과정이 바로 뇌 속 도파민 회로를 자극하는 진짜 학습입니다. 반 기문 총장의 영어를 생각해 보세요. 반기문 전 UN 사무총장은 '발 음이 완벽하지 않은데도 세계를 설득한 사람'으로 자주 언급됩니다. 그의 영어 발음은 완벽한 미국식이 아니었지만, 그 안에는 진심과 자신감이 있었습니다. 전 세계의 청중은 발음보다 그가 전달한 내용 과 에너지에 집중했습니다. 완벽한 문장을 만드는 것이 아니라, 일단 말하고, 소통하며, 자신감을 느끼는 것. 그것이 영어를 살아 있는 언어로 바꾸는 첫걸음입니다. 즐거움이 반복을 만들고, 반복이 실력을 만듭니다.

영어를 '해야 하는 공부'가 아니라 '하고 싶은 일'로 바꾸는 순간, 뇌에서는 도파민이 폭발적으로 분비됩니다. 이 즐거움이 매일의 학습을 반복하게 하고, 반복 속에서 귀가 뚫리며, 뇌의 언어 회로가 활성화됩니다. 저 역시 교과서에서만 공부하던 영어 공부에서 뛰쳐나와 하루 6시간 이상을 영어 소설에 빠져 살았고, 가장 좋아하던 영어였지만 암기를 해야 하는 과제가 있으면 거부감이 들어 성적이 좋지 못했습니다. 이는 제가 늘 학습의 즐거움을 강조하는 이유입니다.

영어 속청 훈련을 통해 어느 날 갑자기 영어 뉴스가 귀에 들어오기 시작한 경험을 하던 때, 그리고 아무리 노력해도 들리지 않던 문장이 하루아침에 폭포처럼 쏟아지듯 들렸던 그날 바로 도파민이 열어주는 기적적인 학습의 순간을 경험한 거지요. 억지로 한 게 아니라 즐거운 마음으로 하다 보니 귀가 열린 것입니다.

황농문 교수는 현대 사회가 'Work hard'에서 'Think hard'의 시대로 전환되고 있다고 말합니다. 이는 단순히 육체적인 노력이나 시간 투입을 넘어, 뇌를 깊이 몰입시켜 질적으로 다른 사고와 학습을 해야 한다는 의미입니다.

천재와 보통 사람의 지적 능력 차이는 '질'보다는 '양'의 문제, 즉 '극도의 몰입적인 사고를 할 수 있는 남다른 열정'의 문제라고 설명합니다. 지루하고 고통스러운 열공 대신, 도파민이 뿜어져 나오는

'즐거운 몰입'을 통해 여러분의 뇌를 최대한 활용하고 영어 학습을 'Work hard'에서 'Think hard'의 영역으로 바꿀 수 있습니다.

우리는 그동안 영어를 너무 어렵게 생각해 왔잖아요. 틀리면 안 되고, 외워야 하며, 완벽해야 한다고 배웠습니다. 하지만 언어는 원래 그렇게 배우는 것이 아닙니다.

일단 저질러 보세요. 틀려도, 엉뚱해도, 일단 말하고 들어보는 순간 뇌가 반응하고, 도파민이 흘러나오며, 학습이 시작됩니다.

오늘부터 완벽을 내려놓고,
조금 서툴러도 웃으면서 말해보세요.
그 순간 도파민이 작동하고,
당신의 귀는 서서히 열리기 시작할 것입니다.

대충 하라, 외우지 마라, 짧게 하라

대충 하세요. 영어를 완벽하게 하려다 이번 생에는 끝내지 못한 사람이 많습니다. 〈대충영어〉에서 말하는 '대충 하라'는 결코 게으르게 하라는 의미가 아닙니다. 완벽주의의 무게를 내려놓고, 일단 시작하라는 말입니다. 모르는 단어가 나와도, 문법이 틀려도 상관없습니다. 그저 흘러가는 영어의 리듬 속에 자신을 던지는 것, 이것이 바로 영어 감각의 첫 걸음입니다. 잘하려고 하면 입이 닫히고, 대충이라도 하겠다는 마음이 입을 엽니다. 영어는 잘하는 사람이 아니라, 계속하는 사람이 성공합니다.

외우지 마세요. 영어를 외우는 순간, 영어는 죽습니다. 암기는 시험을 위한 기술일 뿐, 언어 습득 방식이 아닙니다. 시험이 끝나면 잊어버리는 단기기억이 아니라, 반복과 리듬을 통해 무의식에 각인되는 자동 기억이 필요합니다. 속청으로 빠르게 듣고, 스피드 섀도잉으로 동시에 말하면서 귀와 입이 동시에 작동하는 반복 훈련을 해야 합니다. 이때 영어는 머리가 아니라 뇌의 청각 회로 속에서 감각적으로 익혀집니다. 외우지 않아도, 계속 듣고 따라 하면 어느 순간 입에서 저절로 튀어나옵니다. 이것이 '암기에서 습득으로' 넘어가는 진짜 영어 훈련입니다.

마지막으로, 짧게 하세요. 길게 공부한다고 기억이 오래 남는 것은 아닙니다. 인간의 집중력은 길어야 5분입니다. 노벨 생리의학상 수상자인 에릭 캔들(Eric R. Kandel)이 밝힌 학습 메커니즘에 따르면, 뇌는 짧고 반복적인 자극을 통해 학습 효율을 극대화한다고 합니다. 하루 10분씩, 그것도 세 번만 짧게 듣고 말하는 습관이 하루를 바꾸고, 꾸준히 쌓이면 인생을 바꿉니다. 10분이라는 짧은 시간 안에서 귀가 열리고, 입이 반응하며, 기억이 자동화됩니다. 길게 하지 않아도 됩니다. 다만 자주 해야 합니다. 언어는 오래 앉아 있는 사람이 아니라, 자주 움직이는 사람이 익힐 수 있는 법입니다.

평생에 걸친 영어에 대한 한을 풀었습니다

독서 모임에서 인연이 된 분이 저를 찾아오신 적이 있습니다. 60대인 그분은 교장으로 퇴직하였고 평생 교육자의 길을 걸어오셨지만, 영어만큼은 늘 자신 없는 과목이었습니다. 학창 시절부터 영어 시간은 열등감과 부담을 안겨준 기억으로 남아 있었고, 30여 년 동안 직장생활을 하면서 학원, 교재, 테이프에 돈과 시간을 쏟아부었지만 성과는 미미했습니다. 그분은 영어가 '50년간의 콤플렉스'라며 인생 마지막 영어 수업이라는 심정으로 저를 찾아왔다고 하셨습니다.

그러던 그가 퇴임 후 〈대충영어〉 프로그램을 만나면서 인생의 전환점을 맞았습니다. '대충 해라, 외우지 마라, 짧게 해라'라는 접근법은 그동안의 영어 학습에 의무감에서 벗어나게 해주었고, 한국어 속청을 기반으로 하는 방식은 그의 전공 분야와도 맞닿아 있어 금세 흥미를 불러일으켰습니다. 하루 10분 남짓의 훈련이었지만, 한 달 만에 영어 듣기가 10%에서 40% 이상으로 향상되는 놀라운 변화를 직접 경험했습니다. 특히 3배속, 4배속 듣기가 가능해지면서 '영어에도 고속도로가 열렸다'는 확신을 얻었습니다.

물론 중간에 좌절한 적도 있었습니다. 쉬운 문장조차 잘 들리지 않으며 학창 시절 영어 시간의 두려움이 다시 떠오르기도 했습니다. 하지만 함께 단체 카톡방에서 공부하는 동료 학습자들이 성장하는 모습을 보며 다시 마음을 다잡았고, 결국 꾸준히 학습을 이어갔습니다. 그 결과, 불과 3개월 남짓한 학습으로 원어민 발화의 속도를 따라가고, 이전에는 상상도 하지 못했던 문장 수십 개 이상을 자연스럽게 이해할 수 있게 되었습니다.

무엇보다 이 과정은 단순히 영어 실력의 향상을 넘어 삶의 활력을 불러왔습니다. 이 과정은 치매 예방 효과, 자기주도 학습 습관, 집중력 향상, 발음·목소리 개선, 더 나아가 '새로운 언어 도전'이라는 꿈까지 안겨주었습니다. 그는 앞으로 영어 회화를 넘어 일본어, 중국어에도 도전할 계획을 세웠고, '60대에도 여전히 성장할 수 있다'는 자신감을 얻어 남은 인생에서 자신이 배운 영어 학습으로 시니어들을 대상으로 영어를 강의하려는 꿈을 꾸고 있습니다.

"대충영어는 단순한 공부법이 아니라, 내가 평생 쌓아온 영어 콤플렉스를 뒤집어준 과학적 학습법입니다. 50년간의 부담에서 벗어나 다시 꿈꾸게 해준 가장 인간적이고 객관적인 도구였습니다."

— 60대 〈대충영어〉 강사양성과정 수강생

영어 덕분에 청각 나이가 23년 젊어졌습니다

어느 수강생이 기억납니다. 처음 저와 만나서 상담을 할 때 이분의 얼굴에서는 반신반의하는 표정이 보였습니다. 웃으며 "이 나이에 영어가 들릴까요?"라고 말씀하셨지만, 그분 마음속에 오랜 시간 쌓인 좌절감을 느낄 수 있었습니다. 첫날 청각을 측정해보았습니다. 결과는 놀라웠습니다. 그분의 청각 나이는 실제 나이보다 높게 나온 54세이며, 가청 주파수는 10,000Hz에 머물러 있었습니다. 즉, 영어의 고주파음을 거의 듣지 못하는 상태였던 것입니다. 저는 하루 10분씩, '한글 속청' 훈련을 꾸준히 해볼 것을 권했습니다. 그리고 아침에 커피를 내리며, 저녁 설거지를 하면서 2배속, 3배속, 4배속으로 빠르게 들려오는 문장을 억지로 의식하지 않고 그냥 흘려듣듯 반복했다고 합니다.

그런데 처음에는 소음처럼 들리던 소리가 어느 날 단어로, 그리고 문장으로 또렷하게 들리기 시작했다고 했습니다. 4개월 후 다시 청각을 측정했을 때, 결과는 저 역시 믿기 어려울 만큼 놀라웠습니다. 그분의 청각 나이는 54세에서 31세로 젊어졌고, 가청 주파수는 10,000Hz에서 13,788Hz로 상승했습니다. 의미를 듣는 뇌의 반응 속도가 실제로 빨라진 것입니다. 특히 '신데렐라' 영어 듣기 테스트에서는 이해도가 60%에서 90%로 향상

수강생
2배속 섀도잉

되었습니다. 예전에는 대사 몇 마디만 건졌다고 했지만, 이제는 자막 없이도 장면이 머릿속에 자연스럽게 그려진다고 하십니다.

"예전에는 영어가 두려웠습니다. 그런데 이제는 귀가 깨어 있으니 영어가 너무 반갑습니다." 참 그 말이 제 마음속에 오래 남았습니다.

'나도 할 수 있을까?'에서 '할 수 있다'로

제가 만나본 사람들 중에는 〈대충영어〉를 통해 눈에 띄는 변화를 경험한 이가 많았습니다. 특히 그중에서 외국 법인을 대상으로 세무 서비스를 제공하는 어느 세무사가 있었습니다. 영어를 어느 정도 구사했지만, 업무 현장에서는 늘 난감한 순간을 마주한다고 했습니다. 해외 담당자가 이메일에 대한 전화를 걸어오면, 발음이 제각각이라 정확히 들리지 않고 설명도 원활하게 이어가지 못하는 것입니다. 이 세무사는 '기본은 한다'는 평가를 받았지만, 정작 실무에서 전화 한 통을 제대로 대응하지 못해 좌절하기도 했습니다. 그러던 그가 〈대충영어〉를 접하고 속청 훈련을 시작하자 달라졌습니다. 진급을 위해 치렀던 토익 시험에서 LC 시험 점수가 두 달 연속 눈에 띄게 향상되었고, 그는 "바쁜 일정에 대충, 즐겁게 하면 된다고 하니 열심히 한 것도 아닌데 성적이 오르니 불가사의하다"라며 감사 인사를 전해 왔습니다.

또 다른 수강생은 공대 출신 직장인으로, 한동안 업무에서 영어를 쓰지 않다가 자신감이 떨어진 상태였습니다. 하지만 〈대충영어〉 학습법으로 다시 훈련을 시작하면서 점차 귀가 열렸습니다. 그 결과, 지금은 이 학습법을 활용해 자신의 콘텐츠와 강의 자료를 제작하며, '업글샘'이라는 이름으로 많은 분께 선한 영향력을 전하기 위해 열심히 활동하고 있고 실제로 수익도 내고 있습니다.

해외 비즈니스 현장에서 통역에 의존하던 어느 기업인은 영국 측과의 미팅에서는 항상 통역을 대동했는데, 바쁜 와중에도 매일 음원을 틀어놓고 듣기 훈련을 이어간 결과 어느 순간 통역이 없어도 회의를 진행할 수 있었습니다. 그는 너무 기쁜 나머지 직접 자신의 페이스북에 후기를 올리며 "내가 통역 없이 미팅을 했다"라고 자랑스레 말했습니다. 저도 얼마나 기쁘던지요.

이외에도 무궁무진한 사례가 있었습니다. 박사과정을 밟고 있던 학생이 지도교수와의 영어 대화를 위해 긴급히 귀를 뚫어야 했던 경우, 미국으로 어학연수를 갔지만 절반밖에 듣지 못하던 학생이 단기간에 이해력이 크게 향상된 경우 등, 수많은 수강생이 '귀가 열리는 경험'을 증명하고 있습니다. 결국 중요한 것은 완벽한 문법이나 암기가 아니라, 귀를 여는 것이었습니다. 불과 50~60개의 핵심 단어가 들리기 시작하면, CNN 뉴스도, 해외 비즈니스 미팅도 더 이상 두렵지 않습니다. 수강생들의 이야기가 보여주듯이, 귀가 열리는 순간 영어는 더 이상 공부가 아니라 즐거움으로 다가오게 될 거예요.

영어 귀가 뚫리는 기적의 경험에서
당신도 예외가 아닙니다

'정말 효과가 있을까?'라는 의구심과 시선은 아직도 여전합니다. 그도 그럴 것이, 우리는 너무 오랫동안 문법과 시험 중심의 영어에 익숙해져 왔기 때문입니다. 이 모든 학습법을 믿지 못합니다. 그러나 그동안 다양한 연령과 배경을 지닌 학습자들이 기적 같은 경험을 맛보며 함께 기뻐했고, 지금 각자의 자리에서 오늘도 대충 훈련 중인 수강생들이 단순한 학습법을 넘어 인생을 바꾸는 경험임을 증명해 주고 있습니다.

영어 학원에서 매일 100개의 단어를 외워야 하는 압박 속에 울음을 터뜨리던 한 초등학생은 〈대충영어〉를 시작한 지 30일 만에 "세상이 핑크빛이에요. 행복해요"라고 말했습니다. 억압적인 암기식 공부에서 벗어나 언어를 즐겁게 습득하는 경험이 얼마나 큰 힘을 발휘하는지를 보여준 사례였습니다. 대치동의 초등학교 5학년 학생은 6배속 섀도잉 훈련을 완벽히 마스터한 후, "선생님, 7배속은 없나요?"라고 물었습니다. 어린아이들이 누가 시킨 것도 아닌데 스스로 더 높은 목표를 세우고 도전하는 모습을 보며, 저는 학습의 즐거움이 무엇인지 느낄 수 있었습니다.

   게임의 한 퀘스트를 정복하듯이 들리지 않던 소리가 들리게 되고, 2배속-4배속-6배속 이렇게 한 단계씩 밟아 나가는 그 짜릿함은 아마 경험해 보지 않은 사람은 모를 겁니다.

   속칭 훈련으로 청각이 예민해지면서 이전에는 들리지 않던 클래식 음악의 선율을 듣고 눈물을 흘리던 50대 선생님, 미국에서 영어 연수를 받으며 한계를 느끼던 20대 파일럿 지망생, 박사과정을 밟던 중 영어 발표에 어려움을 겪던 유학생 등 각자의 분야에서 절실한 필요성을 느꼈던 이들을 돕는 일은 제게 너무 가치 있는 사명이자 제가 20년 동안 언어 교육을 연구하는 원동력입니다. 평생의 숙제였던 영어가 즐거운 소통의 도구가 되어줄 수만 있다면 '영어 인생 역전' 아닌가요?

대충 TIP

짧게, 자주, 즐겁게

영어는 공부가 아니라,
소통이다.

아이처럼 해맑게 배워라.

Take me home
- John Denver

PART 4.

뇌과학과 역사로 증명된
〈대충영어〉 학습법

한국인은 영어를 잘할 수밖에 없는 민족이다

한국인은 본래 언어 감각이 뛰어나고, 새로운 언어에 대한 흡수력과 호기심이 유난히 강한 민족입니다. 조선 후기에는 이미 외국어 학습이 활발히 이루어졌으며, 특히 영어에 대한 관심은 생각보다 훨씬 일찍 시작되었습니다. 대표적인 예가 다산 정약용이 어린이의 문자 학습을 위해 편찬한 〈아학편〉입니다. 생소하시죠? 이 교재에는 영어 단어가 한글로 표기되어 있는데, 예를 들어 '벼 화(禾)'를 영어로 Rice라 적고 한글로는 [으라이쓰]라고 표기했습니다. 이는 현대식인 [라이스]보다 오히려 원음에 가까운 발음이었습니다. 알파벳 'R'의 소리를 우리말 음운체계에 맞춰 '으라'로 표기한 것은, 당시 조선인의 언어학적 감각과 소리에 대한 섬세한 이해를 보여줍니다. 이러한 기록은 조선이 이미 소리 기반 언어 학습을 시도했던 나라였음을 증명합니다. 실제로 19세기 후반 조선을 방문한 영국 외교관은 본국에 "조선인은 동양에서 가장 뛰어난 어학자들이며, 그 능력은 중국인이나 일본인이 따를 수 없다"라고 보고했습니다. 조선 사람들의 언어 습득력은 이미 세계적으로 인정받고 있었던 셈이지요.

1882년 조미수호통상조약이 체결되고, 이듬해 외교사절단인 보빙사(報聘使)가 미국을 방문하면서 조선의 시선은 본격적으로 서구로 향했습니다. 뉴욕과 워싱턴의 발전상을 목격한 그들은 큰 충격을 받았고, 고종 황제 역시 그들이 가져온 신문물에 깊은 인상을 받아 조선의 근대화를 서둘렀다고 합니다.

그 결과, 1886년 7월 고종의 초청으로 미국 정부의 추천을 받은 세 명의 교사 즉, 다트머스대 출신의 호머 베자릴 헐버트(Homer Bezaleel Hulbert), 프린스턴대 출신의 길버트 리드 길모어(Gilbert Reid Gilmore), 오벌린대 출신의 조지 히버 벙커(George Heber Bunker)가 조선을 방문했는데, 이들은 조선 최초의 근대식 교육기관인 육영공원(育英公院)에서 영어, 수학, 역사, 정치학 등을 가르쳤습니다. 당시 조선 학생들의 학습 속도는 놀라웠고, 헐버트의 기록에 따르면, 불과 6~10개월이면 통역을 할 수 있을 정도로 영어를 습득했다고 합니다.

지금보다 훨씬 뒤쳐져 있을 것 같은 조선시대에 어떻게 통역할 수 있을 정도의 영어를 구사할 수 있게 되었을까요? 바로 영어를 배우는 목적이 시험이나 문법이 아닌, 실제로 외국인과 소통하기 위한 것이었기 때문입니다. 제가 중학교 때 처음 영어를 배우면서 미국 영화에 나오는 영화배우가 되고 싶어 영어를 미친 듯이 잘하고 싶은 갈망처럼, 조선인들도 미국의 신문물과 그들의 문화를 직접 경험해 보고 싶지 않았을까요? 저는 그 마음을 누구보다 잘 이해합니다.

영어 열풍은 빠르게 번졌고, 영어는 조선의 지식인들에게 '근대 문명을 여는 열쇠'로 받아들여졌습니다. 테이프도, 유튜브도 없던 시절에 오로지 귀와 입으로 영어를 익힌 그들의 언어 감각은 경이로울 정도였다고 합니다.

그러나 이러한 흐름은 일제강점기를 거치며 급격히 단절되었습니다. 일본은 조선의 근대 교육 체계를 자신들의 통제 아래 두기 위해, 영어를 문법과 독해 중심의 과목으로 바꾸어 놓았습니다. 말하기나 듣기보다는 시험 점수를 위한 암기식 학습으로 전락한 것입니다. 심지어 원어민 교사 대신 영어 실력이 부족한 일본인 교사들이 영어를 가르쳤고, 발음조차 일본식 억양으로 교정되었습니다. 당시 조선 학생들이 "다시 원어민 교사를 배치해 달라"라며 시위를 벌였다는 기사도 남아 있습니다. 조선의 탁월한 어학 감각은 그렇게 억눌렸고, 그 왜곡된 교육 제도가 오늘날까지 이어져 우리 영어 학습의 가장 큰 약점으로 남게 되었습니다.

하지만 분명한 사실은, 한글은 세계에서 가장 과학적인 문자이며 영어 발음을 원음에 가깝게 표기할 수 있는 유일한 언어 체계 중 하나라는 점입니다. 조선의 선조들이 보여준 빠른 언어 습득력은 결코 우연이 아니었습니다. 120년 전, 아무런 녹음 장치도 없던 시대에 10개월 만에 통역을 해냈던 민족이 지금은 10년을 공부하고도 외국인 앞에서 말을 잇지 못한다면, 그것은 능력의 문제가 아니라 방식의 문제입니다.

2025년 우리는 10년 넘게 영어를 공부하고도 회화를 하지 못하고 있습니다. 잃어버린 우리의 감각, 한글로 소리를 익히고 귀로 배우던 그 본래의 학습법을 되찾는다면 한국인은 다시 영어를 가장 빠르게 익히는 민족이 될 것입니다.

우리는 영어를 잘할 수밖에 없는 민족입니다.

외국어 소리를 차단하기 시작하는 생후 12개월

'아는 단어인데 왜 안 들릴까?'
수많은 한국인 학습자가 공통적으로 던지는 이 의문은, 사실 우리 뇌의 청각 구조에서 비롯됩니다. 인간은 생후 12개월을 전후하여 가장 많이 듣는 언어(모국어)에 최적화된 '모국어 귀(Mother Tongue Filter)'를 형성합니다. 이 과정에서 뇌의 '청각피질'은 자주 듣지 않는 소리를 불필요한 정보로 간주하고 점차 배제하기 시작합니다. 이 과정이 모국어의 청취 능력을 강화하는 대신, 외국어 소리의 인지를 어렵게 하는 역설을 낳습니다.

문제는 한국어와 영어의 주파수 대역이 근본적으로 다르다는 점입니다. 한국어가 상대적으로 낮고 명확한 모음 중심의 언어라면, 영어는 고주파의 미세한 자음 변화에 의미가 실려 있습니다.

예를 들어 /b/와 /d/ 같은 소리의 차이는 불과 0.04초 안에 구분되어야 하는데, 한국어 청각 환경에 익숙한 뇌는 이 짧은 구간의 소리를 동일한 소리로 처리해 버립니다. 따라서 익숙한 모국어를 2배속, 3배속 이상 빠르게 들으면 뇌가 고속의 음성정보를 따라잡기 위해 청각 신호 처리망을 재가동하게 만들며 그 결과 외국어의 미세한 주파수 변화에도 반응할 수 있는 민감도를 회복시킨다는 점을 보여줍니다.

이 원리는 단순한 가설이 아니라, 실제 연구와 실험으로도 뒷받침되고 있습니다. 2004년 6월 13일 헝가리 부다페스트에서 열린 제10회 국제브레인매칭학회(International Brain Matching Conference)에서 《속청에 의한 두뇌 기능 향상》이라는 연구논문이 정식으로 발표되어 국제적으로 공인되었습니다. 또한 일본에서 독점적 단일기업인 속청 전문 기업이 설립되어 연간 시장 규모가 1,300억 원 이상으로 성장하였고, 속청 훈련이 단순한 학습법을 넘어 두뇌 트레이닝 산업으로 자리 잡았습니다.

국내에서도 흥미로운 실험이 진행된 바 있습니다. MBC에서 방영된 속청 효과 관련 프로그램에서는 속청 훈련을 6개월간 지속한 참가자들을 대상으로 일반 속도와 3배속 속청의 뇌 반응 차이를 분석했습니다.

그 결과 PET 양전자 방출 단층 촬영에서 청각 부분 및 인지 부분의 활성도가 10% 상승한 것으로 확인되었고, 기억과 해석을 담당하는 영역 역시 동시에 활성화되는 것이 확인되었습니다. 즉 빠른 속도의 청취 훈련이 뇌 전체의 정보 처리 속도와 집중력을 개선한다는 것입니다. 또한 이러한 청각 자극은 인지 기능을 자극해 치매 예방이나 경도 인지장애 개선에서도 일정한 효과를 볼 수 있습니다.

결국, 속청 훈련은 청각 정보 처리와 언어 인식의 뇌 신경 회로를 되살리는 하나의 두뇌 훈련이라 할 수 있습니다. 이 접근은 시험 중심 교육으로는 결코 해결되지 않았던 한국인의 영어 듣기 문제를 뇌 과학적 시각에서 다시 바라보게 하며, '언어는 귀에서 시작된다'는 새로운 방향으로 나아가게 하는 중요한 단서가 됩니다.

한국 영어 교육, 문법 해방과 시험 해방이 답이다

한국의 영어 교육은 오랫동안 영어를 '학문'으로 취급하며 문법과 암기의 틀 안에 갇혀 있었습니다. 학생들은 '틀리면 안 된다'는 강박 속에서 문법의 법조문을 외우듯 공부했고, 완벽하지 않으면 입을 열

수 없다는 두려움에 스스로 말문을 닫았습니다. 그러나 언어는 법이 아니라 운동입니다. 문법은 완벽함을 위한 규칙이 아니라, 소통을 위한 최소한의 지침에 불과합니다. 문법적 오류보다 중요한 것은 '전달'이고, 문법에 매달릴수록 말하기의 용기는 작아집니다. 또한 영어 교육은 오랫동안 단어 암기와 시험 점수에 모든 초점을 맞추어 왔습니다. 하지만 단기적인 기억으로는 실제 대화를 이끌어낼 수 없습니다. 서울대 학생의 절반 가까이가 영어 말하기를 두려워한다고 답한 것은, 점수를 위한 학습이 결코 실용적 소통으로 이어지지 않는다는 명확한 증거입니다. 이제는 시험 중심 교육에서 벗어나, 말하기 중심의 실천적 영어로 전환해야 합니다. 마지막으로 교과서 중심의 수업도 해방되어야 합니다. 영어는 이제 지루한 숙제가 아니라, 흥미로운 탐험이 되어야 합니다. 노래와 동화, 미드와 디즈니 영화, 심지어 한국 드라마의 영어 자막 같은 친숙한 콘텐츠를 통해 배우는 즐거움이 뇌의 도파민을 자극하고, 그 몰입이 진짜 학습으로 이어집니다. 결국 한국 영어 교육이 나아가야 할 길은 문법, 암기, 시험, 교과서라는 네 가지 굴레를 벗어나, 아이들이 스스로 즐기며 배우는 '몰입형 영어 해방'으로 향하는 것입니다.

자신의 수준에 맞는 쉬운 영어를 하라

"Talking is not practicing."

1983년, 미국 교육학자 스티븐 크라센(Stephen Krashen) 박사는 한 강연에서 "말하기는 연습이 아니다(Talking is not practicing.)"라는 한 문장으로 전 세계의 영어 교육계를 뒤흔들었습니다. 그의 이론이 담긴 당시의 강연 영상은 지금도 유튜브에서 수백만 회 이상 재생되고 있으며, 수십 년이 지난 지금까지도 영어 교육의 패러다임을 바꾼 혁명적인 발언으로 회자되고 있습니다.

그는 "교실에서 영어 말하기를 시키지 말아야 한다"라고까지 말하며 기존의 언어 교육 방식을 정면으로 비판했습니다. 이 말은 영어를 잘하기 위해 굳이 영어로 소리 내어 말하는 연습을 할 필요가 없다는 것입니다. 그렇다면 영어를 어떻게 배워야 한다는 걸까요? 크라센 박사는 미국으로 이민 온 외국인들을 대상으로 영어를 가르치며 수많은 학습자가 문법과 암기에 매달리지만 실전 회화에서 막히는 이유를 분석했습니다. 그 결과 그는 언어는 오직 '입력(Input)'을 통해서만 습득된다고 강조했습니다. 입력은 크게 '읽기(Reading)'와 듣기(Listening)' 두 가지입니다. 그는 언어를 학습(Studying)하는 것이 아니라 습득(acquisition)해야 하며, 문법을 배우고 단어를 외우며 고통스럽게 노력할 필요가 없다고 말합니다. 남이 말하는 것을 이해하고 자신이

읽은 것을 이해하는 것이 언어 습득의 전부라는 것이죠. 충분한 입력이 이루어지면, '말하기(Output)'는 마치 아이가 모국어를 배우듯 저절로 따라오게 됩니다. 아기들은 엄마·아빠의 말을 끊임없이 들으며 엄청난 양의 언어를 입력합니다. 그러다 어느 순간 옹알이를 시작하고, 한두 단어를 내뱉기 시작하며 점차 말을 하게 됩니다. 이 과정에서 아기들은 '말하기 연습'을 하지 않습니다. 그저 '듣기'를 통해 입력량을 채울 뿐입니다. 크라센 박사의 이론은 이 모국어 습득 방식의 과학적 근거를 제시하며, 외국어 학습에도 동일하게 적용되어야 한다고 주장합니다.

즉, 언어를 잘하기 위해서는 외우거나 말하기 연습을 반복하는 대신 자신의 수준에서 이해할 수 있는 쉬운 영어를 꾸준히 듣고 읽어야 한다는 것입니다. 이해할 수 있는 영어가 꾸준히 들어올 때, 뇌는 스스로 패턴을 인식하고 문법 규칙을 내면화하게 됩니다. 우리가 단어를 외워도 시간이 지나면 기억이 사라지는 이유는 뇌가 정보를 '이해'하지 못했기 때문입니다. 단순 암기는 단기기억에 저장되지만, 이해 기반의 인풋은 감정과 의미를 동반한 장기기억 회로에 저장됩니다. 따라서 '쉬운 영어 인풋'을 통해 의미 있는 문장을 이해하고 반복하는 것이 단순 암기보다 훨씬 오래가는 기억을 만들어냅니다.

뇌과학에서는 이를 에빙하우스(Hermann Ebbinghaus)의 망각곡선으로 설명합니다.

그의 실험에 따르면, 사람은 새로운 정보를 암기한 뒤 단 하루가

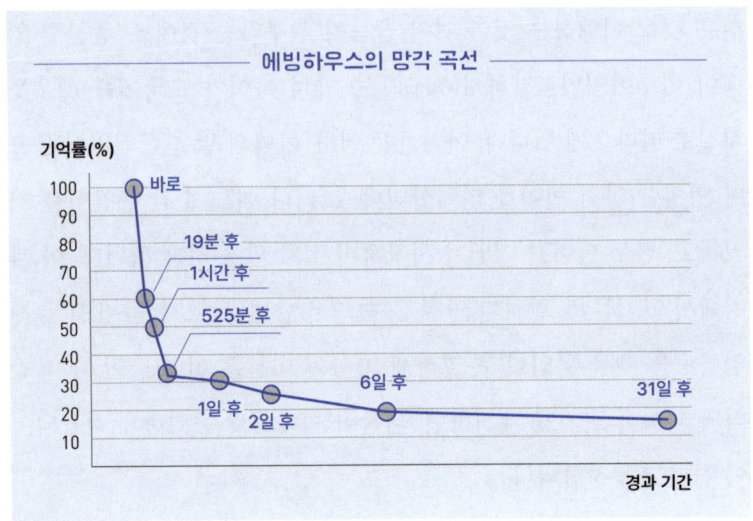

출처: EBS 교육대기획 10부작, '학교란 무엇인가'

지나면 약 60%, 10일이 지나면 80~90%를 잊어버린다고 합니다. 시험을 위해 외운 영어 단어가 며칠 만에 기억 속에서 사라지는 이유도 여기에 있습니다. 특히 벼락치기로 암기한 지식은 단기기억으로 머물다 며칠 만에 사라지지만 이해와 반복을 통해 들어온 언어는 오랫동안 뇌 속에 남습니다. 에빙하우스는 또한 기억은 반복을 통해 강화된다는 사실을 밝혔습니다.

그는 '1일 – 10일 – 30일' 간격으로 반복 복습을 할 때 기억이 장기화된다고 했습니다.

그러나 이때의 반복은 같은 문장을 기계적으로 외우는 것이 아니라, 의미를 이해하며 자연스럽게 다시 접하는 의미 있는 반복(meaningful repetition)이 되어야 합니다.

이해할 수 있는 영어 인풋을 꾸준히 듣고, 그 문장이 실제로 사용되는 상황에서 반복적으로 노출될 때, 뇌는 해당 패턴을 '자동 기억(implicit memory)'으로 전환합니다. 결국 이 가설에 따르면, 언어는 암기가 아니라 이해와 반복으로 습득된다는 것입니다. 암기 위주의 공부는 시험이 끝나면 사라지지만, 이해할 수 있는 쉬운 영어를 지속적으로 접하면 언어는 뇌 속에서 자동으로 연결되고 오래 남습니다. 따라서 더 많이 외운다고 해서 영어 실력이 진짜 늘어나는 것은 아닙니다.

자신의 수준에서 충분히 이해할 수 있는 영어를 즐겁게 반복하는 것이 진짜 영어 습득의 시작입니다.

영어는 지루하고 어려운 숙제가 아니라 즐거운 탐험이 되어야 합니다. 저 역시 암기 시험이나 교과서 위주의 수업에서는 집중하지 못하고 힘들었지만, 오히려 교과서보다 훨씬 어려운 영영 사전이나 영어 소설, 영어로 된 콘텐츠라면 주저하지 않고 도전하며 즐길 수 있었습니다. 영어를 통해 새로운 세상을 알게 되고 그 과정에 몰입하다 보니, 성장하는 제 모습에 도파민이 뿜어져 나오며 멈출 수가 없었습니다.

그래서 제가 만든 〈대충영어〉 프로그램에서도 미드 〈프렌즈〉, 〈디즈니 애니메이션〉에서부터 심지어 한국 드라마의 영어 자막까지,

재미와 수준을 동시에 높일 수 있는 콘텐츠를 적극적으로 활용하고 있습니다. 단순히 공부를 넘어, 내가 좋아하는 콘텐츠에 빠져드는 과정이야말로 가장 강력한 학습법이기 때문입니다.

또한 저는 외국인들에게 한국어를 가르치면서, 그들이 한국 문화에 큰 관심을 가진다는 사실을 알게 되었습니다. 이 경험을 토대로 최근에는 제가 개발한 앱에 외국인들이 관심을 가장 많이 가지고 있는 K-뷰티와 관련한 300문장을 담아 학습할 수 있도록 했습니다(188페이지 참조). 외국인에게는 한국어와 우리 문화를 알려주고 동시에 우리는 영어를 배우며 소통할 수 있으니, 이보다 좋은 배움의 길이 또 있을까요?

결국 중요한 건 교과서에 갇혀 억지로 외우는 영어가 아니라, 뇌가 즐거워하고 내가 가장 몰입할 수 있는 방식으로 배우는 영어입니다. 그것이 영어를 지속하고, 결국 내 것이 되게 만드는 진짜 힘입니다.

신경과 전문의가 증명한 속청의 힘

〈대충영어〉를 연구하던 어느 날, 저는 뜻밖의 인연으로 한 사람을 만나게 되었습니다. 바로 신경과 전문의인 신동선 박사였습니다. 그분은 《작심》, 《재능을 만드는 뇌신경 연결의 비밀》, 《스몰 윈》 등 여러 권의 저서를 집필한 분이자, 뇌과학 강연자이십니다. 처음 만났을 때 박사님은 〈대충영어〉 프로그램에 대한 제 이야기를 듣자마자 이렇게 말씀하셨습니다. "이건 단순한 영어 공부가 아닙니다. 뇌신경 훈련이에요." 그 말에 저는 순간 멈칫했습니다. 저는 그동안 '속청'이 단지 듣기 훈련이라고만 생각했는데, 박사님의 말 한마디가 제 사고를 완전히 바꾸어 놓은 계기가 되었습니다. 박사님은 직접 30일간 〈대충영어〉의 속청 훈련을 실험해 보셨습니다. 결과는 놀라웠습니다. 의사이자 연구자인 그분조차 "한글 속청을 하면서 듣기가 30% 이상 향상되었고, 뇌가 미세한 발음을 구분하기 시작하며 이전에는 그냥 '소리'였던 영어가 이제는 '구조'로 들린다"라며 뚜렷한 효과를 거두었다고 말씀하셨습니다. 그분은 이어서 흥미로운 비유를 들려주셨습니다.

'축구를 꾸준히 연습하면 족구 실력도 느는 것처럼 한글 속청으로 뇌의 청각 회로를 단련하면, 영어 발음을 구분하는 능력도 함께 발전하는 원리와 같습니다.'

귀가 열리는 것이 아니라, 뇌가 깨어나는 것임을 절실히 깨달았습니다. 그동안 제가 '속청'이라 부르던 훈련이 사실은 뇌의 신경망을 자극하고 새로운 연결을 만들어 내는 '뇌신경 회로 훈련(Neural Circuit Training)'이었던 것입니다.

그 후 제가 가르치는 이 속청 학습법을 뇌과학 이론에 기반하여 더 체계적이고 과학적인 학습법을 만들고 싶다는 마음 하나로 몰두하기 시작했습니다. 4년 동안 매주 함께 뇌신경과 전문의 신동선 박사님과 뇌과학에 기반한 〈대충영어〉 강의를 이어가며 수많은 수강생에게 속청 영어가 단순한 학습법이 아니라 뇌신경의 원리를 이용한 과학적 훈련이라는 진짜 가치를 증명할 수 있었습니다.

의사든 초등학생이든, 누구나 뇌의 회로를 자극하면 변합니다. 뇌는 누구에게나 열릴 준비가 되어 있는 근육입니다. 결국, 영어 속청의 비밀은 단순했습니다. 귀를 뚫는 훈련이 아니라, 뇌를 즐겁게 깨우는 도파민 학습이자 신경 회로 훈련이었던 것이죠.

귀가 열리고, 뇌가 변하면, 인생이 달라집니다.

최상의 영어 컨디션을 만드는 법: 잠, 휴식, 몰입

최고의 학습 효과는 단순히 책상 앞에 오래 앉아 있는 시간과 비례하지 않습니다. 오히려 우리 뇌가 가장 효율적으로 작동하는 비밀은 '잠', '휴식', '몰입'이라는 세 가지 키워드에 숨어 있습니다. 〈대충영어〉는 바로 이 뇌과학적 원리를 학습 시스템에 적극적으로 활용합니다.

첫째, '잠'은 단순한 휴식이 아닌, 기억을 정리하고 저장하는 핵심 과정입니다. 우리가 잠든 사이, 뇌는 낮에 학습한 내용들을 단기기억에서 장기기억으로 옮기는 '기억 공고화' 작업을 수행합니다. 특히 잠들기 30분 전에 공부한 내용이 장기기억으로 저장될 확률이 높습니다. 〈대충영어〉의 '잠꼬대 섀도잉' 같은 잠재의식 학습법은 바로 이 원리를 이용한 것입니다. 우리는 잠을 자는 동안에도 활발하게 활동하며 정보를 처리하고 기억을 정리합니다. 깨어있을 때와 달리, 잠을 자는 동안에는 외부의 방해나 잡념 없이 오롯이 휴식과 정리에 집중할 수 있습니다. 이는 학습 내용을 '무한 반복' 할 수 있게 하여, 뇌가 의식적인 노력 없이도 해당 정보를 중요하게 인식하고 장기기억으로 전환하도록 돕습니다.

아침에는 알람을 기상 20분 전에 맞춰두고, 완전히 깨어나기 전의 상태에서 음원을 들으며 천천히 섀도잉을 해보세요. 이 시간대는 알파파 상태로, 학습과 암기력이 강화되어 새로운 정보를 받아들이기 좋은 때입니다. '웅얼웅얼~' 잠꼬대하듯 자연스럽게 말하며 하루를 시작하면 됩니다. 단, 잠에서 막 깨어난 상태이므로 너무 빠른 배속보다는 1배속을 권합니다.

또한 다른 일을 하면서 영어를 배경음처럼 듣는 '흘려듣기' 방법이 있습니다. 지하철에서, 운전 중에, 집안일하면서 등 일상생활 속 자투리 시간을 활용하는 것이죠. 비록 의식적으로 모든 내용을 이해하지 못하더라도, 꾸준히 노출되는 영어 소리는 무의식적으로 뇌에 쌓여 익숙함을 만듭니다. 이는 무의식적 습득의 양을 늘려주고, 실제 집중 학습 시 더 빠르게 내용을 이해하고 기억하는 데 도움을 줍니다. 이 두 가지 잠재의식 학습법은 무의식의 힘을 활용하여 여러분이 영어를 쉽게 배우고 지치지 않게 공부할 수 있도록 해줍니다. 하루 10분, 300문장 섀도잉을 훈련하는 것만으로도 엄청난 입력량을 확보할 수 있지만, 잠자면서 흘려듣기까지 병행한다면 그 학습량은 기하급수적으로 늘어날 수 있습니다.

둘째, '휴식'은 뇌가 창의성을 발휘하고 정보를 재구성하는 시간입니다. 뇌과학자 마커스 라이클 교수가 발견한 '디폴트 모드 네트워크(Default Mode Network)'에 따르면, 우리가 아무 생각 없이 '멍때릴 때' 뇌는 오히려 더 활발하게 활동하며 자아 성찰, 기억 통합, 창의적 아이디어 발상 등의 중요한 일을 수행한다고 합니다. 공부 후 10분 정도의 짧은 휴식이 장기기억에 도움이 되는 이유도 바로 이 때문입니다. 제가 강조하는 '짧게 하라'는 원칙은 이러한 뇌의 특성을 반영한 전략으로, 집중 훈련을 짧게 한 후 휴식하면 학습 효과가 커집니다.

셋째, '몰입(Flow)'은 학습을 즐거움으로 바꾸는 최고의 동기 부여제입니다. 서울대 황농문 교수가 강조한 것처럼, 우리 뇌는 어떤 과제에 깊이 몰두하는 몰입 상태에서 최고의 성능을 발휘합니다. 속청 훈련은 빠른 속도의 정보 처리가 필요하며 자연스럽게 몰입 상태를 유도합니다. 이 과정에서 뇌에서는 성취감과 쾌감을 느끼게 하는 '도파민'이 분비되어, 힘든 훈련을 즐거운 도전으로 느낄 수 있게 합니다.

우리는 영어를 받아들일 수 있는 최상의 컨디션을 만들고, 잠자는 시간까지 학습 시간으로 활용하며, 과학적인 휴식과 몰입을 해야 합니다. 이를 통해 뇌의 효율을 최고로 끌어올림으로써 가장 스마트하고 즐거운 영어 학습을 할 수 있습니다.

영어 학습을 넘어, 뇌 기능 향상과 잠재력 개발까지

'속청'과 '스피드 섀도잉' 훈련은 뇌의 근본적인 처리 능력을 향상하는 종합 두뇌 트레이닝에 가깝습니다. 수많은 수강생이 영어 실력 향상과 함께 경험하는 놀라운 '부작용'이 그 사실을 증명할 수 있습니다.

가장 흔하게 나타나는 긍정적 부작용은 집중력과 기억력의 향상입니다. 배속이 빠른 소리를 놓치지 않고 따라가기 위해 고도로 집중하는 과정 자체가 훌륭한 집중력 훈련이 되기 때문입니다. 실제로 한 고등학생 수강생은 훈련 한 달 만에 영어 듣기 평가 만점은 물론,

평소 약했던 암기 과목인 한국사, 과학, 사회에서 모두 1등급을 받는 쾌거를 이루었습니다. 그는 "평소 집중력이 약했는데 모의고사를 치르는 8시간 동안 계속 집중이 잘 됐다"라며 놀라워했습니다.

이러한 인지 능력의 향상은 일상과 취미 활동에도 영향을 미칩니다. 매일 탁구를 치는 50대 여성 수강생은 훈련 후 공에 대한 집중력이 향상되어 탁구 실력이 눈에 띄게 늘기도 했습니다. 이는 속청과 섀도잉 훈련이 뇌의 정보 처리 속도와 반응 속도를 높여, 스포츠 선수나 프로게이머, 파일럿 등 순발력이 필요한 사람에서도 잠재력을 발휘할 수 있음을 보여줍니다. '쌀쌀하다'를 경상도 사투리에서 '살살하다'로 발음하는 것과 같이 미묘한 발음의 차이가 존재하는 것은 우리 뇌가 환경에 따라 소리를 얼마나 정교하게 처리하도록 발달할 수 있는지를 보여주는 예시이며, 속청 훈련은 이러한 뇌의 가소성을 극대화하는 과정입니다.

결론적으로 우리는 뇌의 숨겨진 잠재력을 깨우는 학습법이 필요합니다. 이 훈련법을 통해 얻게 되는 가장 큰 부작용 향상된 집중력, 기억력, 그리고 빠른 정보 처리 능력은 영어 정복을 넘어, 학습, 업무, 일상 등 삶의 모든 영역에서 더 나은 성과를 이끌어내는 강력한 자산이 될 것입니다.

대충 TIP

최선을 다하지 마라.
80%만 하자.

- - - - - - - - - - - - - - - - -

작은 목소리로 시작해서
점점 크게

- - - - - - - - - - - - - - - - -

〈대충영어〉에는
리허설과 NG가 없다.

Top of the world
– The Carpenters

PART 5.

〈대충영어〉 30일, 영어 귀가 뚫린다

미드 〈프렌즈〉를 10배 쉽게 공부하는 법

아이돌 좋아하시나요? 방탄소년단의 리더인 RM의 영어 실력은 뛰어나기로 유명하지요. 외국 공연에서 방탄소년단 멤버들의 통역 역할을 하기도 하고, UN에 나가서 영어로 스피치를 하기도 했습니다. 몇 년 전 미국 엘렌쇼에 출연했을 때도 그가 그룹의 통역 역할을 했지요. 엘렌은 "영어를 어떻게 그렇게 잘하느냐?"라는 질문에 "내 영어선생님은 미드 〈프렌즈〉예요."라고 답했습니다. 그 후 많은 사람(특히 방탄소년단의 열혈팬)은 미드 〈프렌즈〉를 보면서 영어 공부를 했을 것으로 짐작됩니다. 그러나 〈프렌즈〉로 영어 공부를 하는 것은 영어 초보자에게는 힘든 일입니다. 모르는 내용을 어렵게 사전이나, 자막

혹은 해설을 보면서 공부하는 방법은 아주 어렵고 비효율적인 공부법이라고 할 수 있습니다. 미드로 공부하는 게 어려운 이유는 무엇일까요? 이는 〈프렌즈〉가 영어 초보자를 위해 만들어진 자료가 아니라, 원어민 성인들이 즐기기 위해 제작된 드라마이기 때문입니다. 한국어를 배우려는 외국인이 한국 드라마로 처음 한국어를 공부하려 한다면 얼마나 어려울지 상상해보면 쉽게 이해할 수 있습니다.

제가 앞 장에서 밝혔듯이 미드 〈프렌즈〉의 시리즈는 15,000개의 단어로 구성되어 있고, 81%는 단 350단어로 이루어져 있습니다. 다시 말하면, 초등학교 5학년 수준의 350단어만 알면 프렌즈의 80%를 듣고 이해할 수 있다는 것입니다. 또한 오늘 이 사실을 처음 알게 된 분들은 무척 놀라하겠지만 온라인 백과사전인 〈위키피디아〉에 의하면 원어민이 사용하는 영어의 50%가 100단어 수준이라고 합니다. 영어뿐만 아니라 중국어 등 어떤 언어든 50% 정도를 구성하는 단어는 100~200개이며, 이러한 이유로 '100단어면 영어 회화가 가능하다'는 책이 있는 이유를 알 수 있겠지요. 이 분석 결과는 우리에게 중요한 통찰을 줍니다. 우리는 미드를 보며 엄청나게 많은 단어를 알아야 한다고 생각하지만, 실제로는 핵심적인 소수의 단어들이 대화의 대부분을 차지하고 있다는 것이죠.

그렇다면 이러한 빅데이터 분석을 바탕으로 〈프렌즈〉를 10배 쉽게 공부하는 전략이 나옵니다. 바로 '80%에 집중하고 20%는 과감히 패스하는 전략'입니다.

한국 초등학교에서 배우는 어휘가 800단어 정도이니 350단어는 초등학교 5학년 수준에 불과합니다. 즉, 여러분이 이미 아는 수준의 단어들이 미드의 대부분을 차지하고 있다는 뜻입니다. 이쯤 되면 가수 RM이 〈프렌즈〉로 영어를 잘하게 된 비결이 밝혀집니다. 그는 이미 그 전에 많은 공부를 통해 〈프렌즈〉를 흡수할 수 있는 실력을 지니고 있었던 것입니다. 즉, 초급 영어를 여러 단계를 거쳐 중급 이상 수준에 도달한 후에 〈프렌즈〉를 즐기며 학습했던 것이죠. '뱁새가 황새 따라 가려다가 가랑이 찢어진다'는 말처럼, 자신의 수준에 맞지 않는 어려운 콘텐츠를 무리하게 시도하는 것은 비효율적입니다.

우리 뇌는 무한한 정보를 처리할 수 있지만, 한 번에 모든 것에 집중하기는 어렵습니다. 불필요한 정보는 과감히 차단하고 핵심적인 정보에만 에너지를 집중함으로써 학습 효율을 극대화하는 것입니다. 뇌는 의미 있고 반복적인 자극에 더 잘 반응하며, 이를 통해 '자동 기억'으로 전환될 가능성이 높아집니다. 결론적으로, 미드〈프렌즈〉는 훌륭한 영어 학습 자료임에 틀림없지만, 효과적으로 활용하기 위해서는 전략이 필요합니다. 속청 훈련을 통해 영어 귀를 뚫고, 핵심 단어에 집중하는 전략을 통해 여러분도 RM처럼 좋아하는 콘텐츠를 자신만의 영어 선생님으로 만들 수 있을 것입니다.

초보자를 위한 현명한 콘텐츠 선택:
배탈 없는 흡수율

영어 학습에서 '흡수율'이란, 콘텐츠를 얼마나 잘 이해하고 내 것으로 만들 수 있는지를 의미합니다. 아무리 좋은 자료라도 나의 수준에서 50% 이상 이해되지 않는다면, 그것은 '배탈'을 유발하는 독이 될 수 있습니다. 영어를 공부하는 데 가장 중요한 것은 흡수율인데, 보통은 70% 이상 아는 내용으로 해야 합니다.

많은 학습자가 재미라는 요소 때문에 무작정 성인용 미드나 영화를 선택합니다. 하지만 원어민의 문화적 배경, 일상생활의 다양한 표현과 빠른 대화 속도 때문에 영어 초보자에게는 매우 높은 장벽이 됩니다. 스크립트나 한국어 번역문을 보고 끙끙거려도 내용을 온전히 흡수하기는 어렵습니다. 이는 언어 습득의 대가인 크라센 박사가 강조한 '이해 가능한 입력'의 원칙에도 어긋납니다. 이해되지 않는 입력은 언어 습득에 효과가 없기 때문입니다. 따라서 영어 초보자는 자신의 현재 영어 실력(유치원 수준, 초등 수준, 중등 수준 등)을 먼저 파악하고, 그에 맞는 '흡수율 높은 콘텐츠'를 선택하는 것이 중요합니다. 넷플릭스에는 수많은 영어 콘텐츠가 있지만, 그중에서도 영어 초보자와 중급 학습자의 흡수율을 높일 수 있는 자료들을 추천합니다.

★ 초급(유치원·초등 저학년 수준)

- 어린이 만화 영화·애니메이션: 〈디즈니 만화 영화〉나 〈픽사〉 애니메이션은 초보자에게 가장 좋은 선택입니다. 아이들을 대상으로 하므로 대사가 단순하고 반복적이며, 발음이 명확하고 스토리가 직관적입니다. 또한, 시각적인 요소가 많아 내용을 이해하는 데 도움이 됩니다 〈주토피아〉나 〈토이스토리〉 같은 뮤지컬 애니메이션은 노래를 통해 리듬과 억양을 익히기에도 좋습니다.
- 유아 교육 프로그램 〈Peppa Pig〉처럼 일상생활에 초점을 맞춘 짧은 에피소드들은 간단한 생활 표현을 익히기에 매우 유용합니다.

★ 중급(초등 고학년·중학생 수준)

- 틴에이저 시트콤·드라마: 〈프렌즈〉가 아직 어렵다면, 조금 더 쉬운 틴에이저 대상 시트콤이나 가족 드라마를 추천합니다. 대화 속도가 성인용 미드보다 느리고, 사용하는 어휘도 비교적 제한적입니다.
- 다큐멘터리(흥미 위주): '디스커버리 채널'이나 '내셔널 지오그래픽'의 동물 다큐멘터리처럼 흥미로운 주제의 다큐멘터리도 좋습니다. 사실적이고 과장 없는 영어를 익히기에 좋으며, 관심 있는 분야라면 몰입도를 높일 수 있습니다.

- **간단한 영어 동화·오디오북:** 시각적인 요소는 적지만, 듣기 능력에만 집중할 수 있어 좋습니다. 자신의 수준에 맞는 쉬운 영어 동화나 오디오북을 선택하여 내용을 파악한 후 반복해서 듣는 훈련을 병행하면 좋습니다.

뇌는 재미와 성취감에 반응하여 도파민을 분비합니다. 학습 내용의 흡수율이 높으면 내용을 이해하는 과정에서 성취감을 느끼고, 이는 도파민 분비로 이어져 학습에 대한 긍정적인 경험을 하게 됩니다. 반대로 흡수율이 낮아 내용이 이해되지 않으면 뇌는 좌절감을 느끼는데, 이는 학습에 대한 흥미를 떨어뜨려 결국 학습을 중단하게 만듭니다. 이미 알고 있는 단어들이 들리기 시작하면 콘텐츠의 흡수율이 높아지고, 이는 학습에 대한 몰입과 즐거움으로 이어져 선순환을 만듭니다.

〈대충영어〉는 왜 50단어로 시작하는가?

어려운 영어가 필요하지 않은 이유를 여러 번 강조했습니다. 초등학교 영어면 미국인들이 보는 드라마를 즐길 수 있습니다. 그런데 우리는 단어 뜻을 알고 문장을 읽을 줄 아는데, 막상 귀로 들으면 아무것도 들리지 않습니다. 이유는 단어를 눈으로만 익혔기 때문입니다.

눈으로는 단어를 구분할 수 있지만, 귀로는 소리를 구분하지 못합니다. 단어를 '안다'와 단어를 '들을 수 있다'는 전혀 다른 문제입니다.

그래서 단어 학습의 시작은 '많은 단어'가 아니라 '들리는 단어 50개'입니다. 이 50개의 단어는 영어 회화의 핵심이자 일상 대화에서 가장 자주 들리는 소리이자 영어 듣기의 문을 여는 열쇠입니다. 놀랍게도 어린이 영어 동화, 미드, CNN 뉴스까지 모두 이 50개의 단어가 반복적으로 사용됩니다. 이 단어들을 완벽히 귀로 알아들을 수 있게 되면 이해도는 최소 50% 이상으로 향상될 수 있습니다.

예를 들어 'you, the, get, take, on, off, go, come, look' 같은 가장 기본적인 단어들도 실제 원어민 발음에서는 완전히 다르게 들립니다. 우리가 학교에서 배운 발음과는 전혀 다른 리듬과 억양 속에서 연결되기 때문이죠.

그래서 이 단어들을 눈으로 외우는 게 아니라, 귀로 구분하고, 입으로 따라 하며 몸으로 익히는 과정이 필요합니다. 이 50개가 귀에 익숙해지는 순간, 문장이 들리고, 대화가 연결되며, 영어가 '공부'가 아닌 '소리'로 다가옵니다. 많이 아는 사람이 영어를 잘하는 게 아니라, 자주 들리는 소리를 정확히 들을 수 있는 사람이 영어를 잘합니다.

뇌가 자동으로 패턴을 인식하는 순간

언어의 기적은 어느 날 갑자기 찾아옵니다. 눈으로 단어를 외우던 사람이, 어느 날 귀로 문장을 '느끼는' 순간이 오죠. 그게 바로 뇌가 패턴을 인식하기 시작한 순간입니다. 우리의 뇌는 언어를 외워서 배우지 않습니다. 소리의 리듬과 억양이 수천 번 반복되면, 뇌는 스스로 '이 소리 뒤에는 이런 의미가 온다'는 규칙을 찾아냅니다.

즉, 의식이 아닌 무의식이 언어를 배우는 단계로 넘어가는 겁니다.

어느 수강생은 처음엔 영어가 아니라, 한글 속청부터 시작했습니다. 첫 주에는 아무것도 들리지 않아 답답했다고 합니다. 하지만 2주 차에 들어서자 3배속이 들리기 시작했고, 4주 차에는 단 한 번도 영어를 연습하지 않았는데도 CNN 뉴스의 영어 자막이 귀에 또렷하게 들리기 시작했다고 말했습니다.

그는 '영어를 듣지 않아도 영어 귀가 열린다'는 사실이 믿기지 않았다면서, 뇌가 빠른 리듬과 소리에 익숙해지면 언어 구분 능력과 정보 처리 속도가 함께 향상된다는 걸 몸으로 느꼈다고 말했습니다. 한글 속청은 뇌의 청각 회로를 깨우는 예열 과정이고, 이를 바탕으로 영어 속청이 폭발적으로 작동하기 시작합니다.

결국, 뇌가 빠른 리듬에 적응하면 영어의 50단어는 더 이상 '외국어'가 아니라 이미 익숙한 패턴으로 바뀝니다. 단어 하나하나를 해석하지 않아도 뇌는 문장 전체를 소리의 흐름으로 이해하게 됩니니다. 이때부터 영어는 공부가 아니라 '소리의 리듬'이 됩니다. 그리고 그 리듬이 익숙해지는 순간 뇌는 자동으로 영어를 해석하기 시작합니다.

이번 장에서는 바로 그 실천의 길인 '30일 영어 귀 만들기 훈련 로드맵'을 소개합니다. 영어가 당신의 평생 친구로 남을 수 있도록 뇌의 변화를 계속 이어가게 할 것입니다.

청각 나이, 젊어질 수 있다!

나이가 들면 귀가 어두워진다는 말은 누구에게나 익숙한 표현입니다. 실제로 우리 주변에는 나이가 들면서 높은 소리가 잘 들리지 않거나 여러 사람이 동시에 말하면 알아듣기 힘들어하는 분이 많습니다. 그런데 혹시 이 '청각 나이' 또한 젊게 만들 수 있습니다. 우리 인간이 들을 수 있는 소리의 범위는 정해져 있습니다. 이를 '가청주파수'라고 하는데, 보통 20Hz(아주 낮은 소리)에서 20,000Hz(아주 높은 소리) 사이의 소리를 들을 수 있습니다. 하지만 이 가청 주파수 범위는 나이가 들수록 점점 줄어듭니다. 특히 주파수가 높은 소리부터 잘 들리지 않게 되지요.

그 이유는 우리의 귀가 뇌와 생각보다 훨씬 더 긴밀하게 연결되어 있기 때문입니다. 사람의 귀 속에는 달팽이처럼 생긴 '달팽이관

(Cochlea)'이 있습니다. 이 기관 안에는 약 1만 5천 개의 유모세포(모양이 털처럼 생긴 감각 세포)가 빽빽하게 자리하고 있습니다. 이 유모세포들은 각각 특정한 주파수(소리의 높낮이)에 반응하는데, 고음은 달팽이관의 입구 쪽에서, 저음은 그보다 깊은 안쪽에서 감지됩니다. 소리가 처음 들어오는 입구 쪽 유모세포는 가장 많은 자극을 받기 때문에 가장 먼저 손상됩니다. 그래서 나이가 들수록 혹은 이어폰과 큰 음량의 음악에 오래 노출될수록 사람들은 먼저 고음역대의 소리(예: /s/, /f/, /th/ 등)를 잘 구별하지 못하게 됩니다.

나이대별 가청주파수를 나타낸 표를 보면 이러한 변화를 명확히 알 수 있습니다. 예를 들어, 10대 초반은 18,800Hz까지 들을 수 있지만, 20대 중반은 15,800Hz, 50대는 10,000Hz까지 떨어지는 경향을 보입니다. 8,000Hz 정도밖에 들리지 않는다면 보청기 착용을 고려해야 할 수준입니다. 이처럼 우리가 '청각 나이'라고 부르는 것은 실제 나이에 따라 가청주파수의 최고치가 낮아지는 현상을 의미합니다. 이러한 청각 능력의 저하는 일생생활과 인지능력에도 악영향을 미칠 수 있습니다. 특히 외국어 학습에서는 치명적이지요. 영어가 한국어보다 고주파 음역대를 많이 사용한다는 점을 고려하면, 청각 나이가 많을수록 영어 소리 자체를 제대로 인식하기 어려워질 수 있습니다.

그렇다면 어떻게 이 청각 나이를 되돌릴 수 있을까요? 바로 '고주파 음' 청취입니다. 고주파음을 듣는 훈련은 우리 귀에는 잘 들리지

연령별 가청주파수

최고 가청주파수	연령에 따른 가청주파수
8,000Hz	보청기 착용 고려
10,000Hz	50대 이후
12,000Hz	40대 정도
14,100Hz	30대 정도
14,900Hz	20대 후반
15,800Hz	20대 중반
16,700Hz	20대 초반
17,700Hz	10대 후반
18,800Hz	10대 초반
21,000Hz	동물 수준

출처: 히어링허브

않는, 즉 자신의 최고 가청 주파수보다 몇백 Hz 높은 소리를 주기적으로 듣는 것을 의미합니다. 이러한 소리는 직접적으로 들리지는 않더라도 달팽이관 안의 유모세포를 미세하게 자극하여 퇴화 중인 청각 기능을 회복할 수 있도록 도와줍니다. 마치 쓰지 않던 근육에 자극을 주어 다시 강화하는 것과 같은 원리입니다. 고주파음은 뇌를 활성화하고 에너지를 주는 효과도 있다고 잘 알려져 있습니다.

'가청 주파수 테스트'를 통해 지금 내 귀가 어느 주파수 영역까지 들을 수 있는지 파악할 수 있으며 이 과정을 통해 학습자는 자신의 청각 한계를 정확히 인식하고 30일간의 속청 훈련이 얼마나 뇌의 반응을 변화시키는지를 객관적으로 체험할 수 있습니다. 이제, 귀로 듣고 뇌로 느끼는 '영어 청각 회복의 30일 여정'을 시작합니다.

30일 영어 귀 만들기 훈련 로드맵: 4주 단기 프로젝트

지금까지 우리는 영어가 왜 들리지 않았는지에 대한 근본적인 이유부터, 뇌 과학을 활용해 그 문제를 해결하고 학습 효율을 극대화하는 이론까지 살펴보았습니다. 이제 그 모든 이론을 바탕으로, 여러분의 영어 인생을 가장 효율적이고 즐거운 파티로 만들어 줄 구체적인 실천 로드맵을 실행할 차례입니다.

가장 먼저 '영어 귀'를 여는 30일 훈련을 시작합니다. 이 훈련은 '〈대충영어〉 5단계 학습법'의 효과를 극대화하기 위한 가장 중요한 첫걸음입니다. 모든 여정의 시작에는 출발선을 확인하는 과정이 필요합니다. 30일간의 훈련이 얼마나 놀라운 변화를 불러오는지 직접 확인하기 위해, 가장 먼저 당신의 현재 상태를 정확히 측정·기록해야 합니다.

Week 1: 청각 테스트 + 속청 학습의 시작

■ 목표

한국어 속청 훈련으로 뇌의 청각 회로를 깨워 영어 소리를 받아들일 준비를 합니다. 훈련 후에는 간단히 일기를 쓰듯 느낌을 남겨두면 효과가 오래갑니다.

현재 상태 점검하기

■ 현재 상태 점검하기
① 청각 나이
→ 나의 현재 청각나이를 체크합니다.
② 가청 주파수 테스트
→ 영어는 한국어보다 고주파 영역(1000~3000Hz)을 더 많이 사용합니다. 내가 들을 수 있는 가장 높은 주파수(Hz)를 기록해보세요.
③ 영어 듣기 레벨 측정
→ 자막 없이 '신데렐라 / 주토피아 / 유명 연설문'을 1회 듣고 얼마나 들렸는지(%) 각각 적어보세요.

한글 속청

■ 핵심 훈련법: 한글 속청

① 하루 훈련 시간: 총 30~40분(10분 × 3회 권장), 10분 하고 5분 휴식
② 배속 구성: 2배속 → 3배속 → 4배속 → 5배속
③ 방법: 자막을 보며 들리기 시작할 때까지 반복합니다.
④ 포인트: 억지로 듣지 말고, '편안한 몰입' 상태로 흘려듣기

■ 훈련 노트(표로 제작 – 5일치)
– 청각 나이: _____(세)
– 가청 주파수 테스트: _____(Hz)
– 영어 듣기 레벨:
   신데렐라: _____(%)
   주토피아: _____(%)
   유명 연설문: _____(%)

■ WEEK 1 기록 노트

날짜	배속(%)	배속(%)	배속(%)	배속(%)	메모
예) 10/13(월)	2배속 70%	3배속 50%	4배속 10%	5배속 5%	지금부터 시작!

Week 2: 한글 속청 + 스피드 섀도잉 첫걸음

■ 목표
열린 귀로 들어온 소리를 즉각 따라 말하며, 듣기와 말하기를 동시에 훈련합니다.

■ 훈련 시작 시점
한글 속청 섀도잉을 병행합니다.

한글 속청

■ 핵심 훈련법: 스피드 섀도잉
① 원리: 원어민의 발화를 그림자처럼 1~2초 늦게 따라 합니다.
② 방법: 처음에는 작게 웅얼거리듯 따라 하고, 익숙해지면 정상 음량으로 발화합니다.
③ 배속 구성: 섀도잉은 2배속만, 속청은 3~4배속으로 함께 학습하세요.
④ 포인트: 음악처럼 따라 부르듯 자연스럽게 반복합니다.

■ 〈대충영어〉 섀도잉 원칙 따르기!
– 완벽하게 하려고 하지 마라. 50%만 따라도 성공이다.
– 뒤돌아보지 마라. 현재의 소리를 잡아라.
– 최선을 다하지 마라. 80%의 힘으로 지속하라.
– 작은 목소리로 시작해 점점 키워라.
– 리허설도 NG도 없다.
– 대충을 잊지 마라.

■ WEEK 2 기록 노트

날짜	배속(%)	배속(%)	배속(%)	배속(%)	메모
예) 10/20(월)	2배속 70%	3배속 50%	4배속 10%	5배속 5%	대충, 즐겁게!

10분 훈련으로 300문장 이상의 입력 효과
뇌가 몰입 상태에 빠지며 도파민이 분비되고, 학습이 즐거워집니다.

Week 3: 4배속 섀도잉 학습법

■ **목표**
빠른섀도잉으로 뇌의 반응 속도와 발음 자동화를 강화합니다.

한글 속청

■ **훈련 시작 시점**
2배속 섀도잉이 80% 이상 가능할 때 → 3배속 섀도잉에 도전합니다.
속청 4~5배속을 함께 학습합니다.

■ **핵심 훈련법: 스피드 섀도잉 심화**
① 원리: 입을 정확히 움직이는 대신 감각적으로 반응하는 '웅얼 섀도잉'
② 방법: 처음에는 작게 웅얼거리듯 따라 하고, 익숙해지면 정상 음량으로 발화합니다.
③ 배속 구성: 3배속 섀도잉 도전, 속청은 4~5배속으로 함께 학습합니다.
④ 포인트: 3배속부터는 발음을 완벽하게 하려고 애쓰지 말고, 리듬과 억양만 따라 하세요. 자막 없이 50% 이상 들리고, 입이 반응하기 시작했다면 이미 성공한 것입니다. 3배속 섀도잉은 뇌의 언어 처리 속도를 비약적으로 높입니다.

■ **WEEK 3 기록 노트**

날짜	배속(%)	배속(%)	배속(%)	배속(%)	메모
예) 10/27(월)	2배속 90%	3배속 50%	4배속 30%	5배속 5%	웅얼거리는 듯 자연스럽게

이 시점에서 당신의 귀는 이미 영어 리듬에 익숙해지고,
영어를 소리의 형태가 아니라 '패턴'으로 인식하기 시작합니다.

Week 4: 30일 후 청각 테스트+영어 듣기 변화 확인

■ 목표
30일간의 변화를 눈으로 확인하고, 영어 귀가 열린 자신을 경험합니다.

■ 훈련 시작 시점
그동안의 훈련을 유지하며 습관으로 자리 잡을 수 있게 합니다. 30일간의 훈련을 모두 마친 후 다시 테스트를 진행합니다.

현재 상태 점검하기

■ 현재 상태 점검하기
① 청각 나이
② 가청 주파수 테스트
③ 영어 듣기 레벨 측정

한글 속청

■ 훈련 노트
- 청각 나이: _____(세)
- 가청 주파수 테스트: _____(Hz)
- 영어 듣기 레벨:
  신데렐라:_____(%)
  주토피아:_____(%)
  유명 연설문:_____(%)
- 한글 속청 최고 배속:_____(배속)

■ WEEK 4 기록 노트

날짜	배속(%)	배속(%)	배속(%)	배속(%)	메모

한 달 전과 비교했을 때, 나의 귀·입·뇌가 어떻게 달라졌나요?
(예: 이제 영어 뉴스가 덜 낯설고, 노래 가사가 들리기 시작함. 영어 소리에 대한 두려움이 사라지고, 속도가 익숙해짐.)

_____
_____
_____
_____

이 30일 동안 당신의 뇌가 새로운 언어 회로로 재설정되었습니다.
이제 귀는 열렸고, 뇌는 반응합니다. 이 기초 위에 〈대충영어〉 5단계'의 전체 로드맵을 더해간다면, 당신의 영어 실력은 생각보다 훨씬 빨리 늘 것입니다.
이제, 진짜 파티를 시작할 시간입니다!

〈대충영어〉 5단계 완벽 로드맵: 장기 프로젝트

지금까지 우리는 영어가 들리지 않는 근본적인 이유와 뇌과학을 활용해 그 문제를 해결하고 학습 효율을 극대화하는 이론들을 살펴보았습니다. 이제 그 모든 이론을 바탕으로 구체적인 실천 로드맵, 즉 '5단계 학습법'을 알아볼 차례입니다. 이 5단계 학습법은 뇌과학 원리를 기반으로, 단순히 암기하는 방식을 넘어 영어를 자연스럽게 체득하도록 설계되었습니다. 〈속청-섀도잉-자동 기억〉이라는 세 가지 핵심 요소를 통해 학습 효율을 극대화하는 것이 목표입니다.

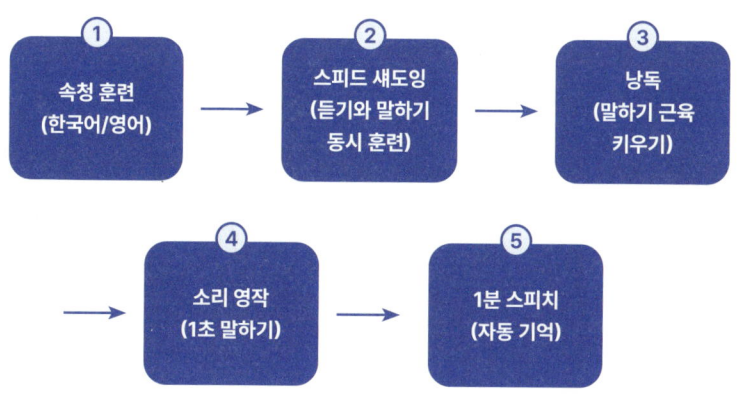

1단계: 속청 훈련 – '영어 귀' 만들기

■ **목표**

뇌의 청각피질에 형성된 '모국어 귀' 필터를 제거하고, 한국어에는 없는 영어의 미세한 소리(0.04초 자음 소리의 차이)를 들을 수 있는 '영어 귀'를 만드는 것입니다.

■ **훈련 방법**

① 한국어 속청을 하루 30분씩 꾸준히 계속합니다. 하루 10분 3회 훈련합니다. 1회만 들어도 좋습니다.
② 영어 속청 훈련: 처음에는 2배속~3배속을 듣고 점진적으로 속도를 높여갑니다. 이해하기가 어려워도 꾸준히 반복하는 것이 중요합니다. 〈대충영어〉앱을 활용하여 기초회화 30문장과 총 학습 300문장을 2-3-4 배속으로 들으면서 훈련합니다.

〈대충영어〉
300문장

■ **기대 효과**

불과 한 달 정도의 훈련으로 영어 듣기 능력이 2배 이상 좋아지는 놀라운 변화를 경험할 수 있습니다. 뇌의 베르니케 중추와 전두엽이 활성화되어 언어 처리 능력이 향상됩니다.

2단계: 스피드 섀도잉 – 듣기와 말하기 동시 훈련

■ 목표
듣기와 말하기를 동시에 훈련하여 영어를 '외우지 않아도 기억되는 '자동 기억'의 영역으로 만드는 훈련입니다.

■ 훈련 방법
5단계 학습법 중 가장 핵심인 스피드 섀도잉을 시작합니다.
- 초급: 〈대충영어〉 영상 및 앱을 활용하여 30개 문장을 2배속 섀도잉으로 반복합니다. 처음에는 스크립트를 보는 걸 병행하다가 나중에는 보지 않고 따라 하는 '진짜 섀도잉'에 집중합니다.
- 중급·고급: 난도를 점진적으로 높여 3배속·4배속 섀도잉까지 도전합니다.

■ 기대 효과
2-3-4배속 속청 및 섀도잉 훈련이 숙달되면 압도적인 입력 양과 뇌의 초고속 정보 처리 능력을 통해 학습 시간이 획기적으로 단축됩니다. 도파민 분비를 통해 몰입과 성취감을 느끼며 즐겁게 학습할 수 있습니다.

3단계: 낭독 - 말하기 근육 훈련

■ 목표
2배속 섀도잉 훈련이 어느 정도 숙달되면, 차분하게 소리 내어 읽는 낭독 훈련을 합니다. 속청 및 섀도잉과 다리 자기 수준에 맞는 속도로 읽는 훈련입니다. 말하는 것에 점차 익숙해지면서 자신감을 기르고, 뇌를 활성화하여 학습 효율을 높입니다.

■ 훈련 방법
여기서 중요한 건 한국어 낭독을 병행하는 것입니다. 암기해야 하는 자료도 좋고, 자신이 좋아하는 글도 좋습니다. 특히 〈대충영어〉만의 빠낭 훈련은 집중력을 길러 주며, 많은 영어 문장을 짧은 시간에 빠른 속도로 훈련할 수 있게 해줍니다. 100문장을 빠르면 2분, 늦어도 3분이면 읽을 수 있습니다. 영어 자료는 2단계에서 섀도잉을 했던 〈대충영어〉 앱 10과-300문장입니다.

① **한국어 낭독**: 시험을 앞두고 암기해야 하는 자료나 자신이 좋아하는 글도 좋습니다. 한국어의 음절은 3000개가 넘기에 두뇌 개발에 탁월한 효과가 있습니다.
② **영어 낭독**: 중급 이상이면 평소 공부하던 영어 교재의 스크립트나 쉬운 영어 동화를 소리 내어 읽는 연습도 병행할 수 있습니다.
③ **빠른 낭독(빠낭)**: 〈대충영어〉만의 최대한 빠르게 읽는 낭독법입니다.
④ **여유 빠낭**: 최대치에서 약간 줄인 80% 정도의 속도로 빠르게 하는 것입니다.

■ 기대 효과
낭독은 뇌 전체를 활성화하고(특히 전두엽, 좌뇌, 우뇌), 기억력과 집중력을 비약적으로 향상합니다. 이는 섀도잉 훈련에 필요한 말하기 근육과 뇌의 반응 속도를 준비하는 데 큰 도움이 됩니다.

4단계: 소리 영작 – 1초 만에 영어로 말하기

■ 목표
앞선 3단계 3가지 훈련은 영어로 하는 것인데 반해, 소리 영작은 한글 문장을 보면서 영어 문장이 1초 이내에 떠오르는지 확인하고 훈련하는 과정이며 실제 말하기 전 단계의 기반을 다집니다.

■ 훈련 방법
① 〈대충영어〉 앱 챕터별 30문장의 한글을 보면서 영어 문장이 자동으로 떠오르면 체크하고, 안 되는 문장들을 체크해서 그 문장들만 따로 3단계 낭독 훈련을 합니다.
② 문장을 체크할 때 100% 맞을 필요는 없습니다. 80% 이상이면 충분합니다.
③ 소리 영작은 뇌신경 연결 학습법의 '약점–피드백–반복' 구조로 하는 것이 중요합니다.
④ 안 되는 문장이 약점이고 이걸 모아서 낭독을 하는 것이 피드백이며 약점을 모아서 낭독 훈련을 하고 다시 1단계를 반복합니다.
⑤ 소리 영작을 80% 이상 할 수 있으면 다음 5단계를 시작합니다. 300문장의 80% 이상을 소리 영작할 수 있는 단계입니다.

■ 기대 효과
한글을 보자마자 1초 안에 영어가 떠오르도록 훈련함으로써, 머릿속에서 번역 과정을 거치지 않고 영어로 직접 사고하고 말하는 '언어 반사 회로'를 만드는 단계입니다.
반복 훈련을 통해 영어 문장이 자동으로 떠오르는 속도가 빨라지고, 말하기에 필요한 즉각적 반응력과 자신감을 동시에 키울 수 있습니다.

5단계: 1분 스피치 - 자동 기억

■ 목표
〈대충영어〉 5단계의 꽃이라고 할 수 있는 실제 말하기 훈련을 합니다. 1분 동안 준비 없이 말하기 연습을 합니다. 1분으로 시작해서 숙달되면서 2~3분으로 시간을 늘려갑니다.

■ 훈련 방법
① 스피치 주제 선정
  - 그동안 학습한주제 및 문장을 가지고 말하기 연습을 하거나 나만의 주제를 정합니다.
  - 사실 주제는 크게 중요하지 않습니다. 무엇보다 자신의 수준에 맞는 문장을 연습하는 것이 중요합니다. 그리고 1초 이내에 생각나지 않는 단어는 한글로 말하는 겁니다. 별도로 준비하지 않고 1분 동안 말하기 연습을 하는 것입니다.
  챕터 제목 등을 참고해서 주제를 간단하게 정하고 말하기를 시작합니다.
② 불완전한 문장으로 말하기
  아이들이 모국어를 터득하는 것처럼 2~3단어로 구성된 불완전 문장을 거쳐서 문장으로 말하는 단계로 진화합니다. 문법적 완벽함보다는 메시지를 전달하는 데 초점을 맞추세요. 마윈의 철학처럼 '틀려도 좋다'는 식의 배짱이 중요합니다.

이런 과정이 숙달되면 특정 주제에 대해 1분을 넘어서 2~3분 이상 영어로 자유롭게 말하는 연습을 합니다.

■ 기대 효과
의식적인 말하기 연습의 비효율성을 극복하고, '자동 기억'된 표현들이 자연스럽게 입 밖으로 나오게 됩니다. 문법적 오류에 대한 두려움을 줄이고 자신감 있게 소통하는 능력을 기릅니다.

Finale: 영어 독립 – 영어를 일상으로

■ 목표

영어를 더 이상 '공부'가 아닌 '일상'이자 '즐거움'으로 체화하여, 지속 가능한 언어 능력을 유지하는 것입니다.

■ 실천 방법

① 원어민 친구 사귀기: 서울과 같은 국제도시에서는 돈과 시간을 들여 외국에 나가지 않아도 원어민 친구를 사귀고 교류할 수 있습니다.
② 여행 및 비즈니스 활용: 습득한 영어를 실제 여행이나 비즈니스 상황에서 적극적으로 사용하며 실용성을 높입니다.
③ 영어 환경 만들기: 넷플릭스 콘텐츠, 한국 드라마 영어 자막 활용, 온라인 커뮤니티 참여 등 한국 내에서도 자신만의 영어 환경을 지속적으로 조성합니다.

■ 기대 효과

영어가 삶의 일부가 되어 즐거움과 성취감을 지속적으로 느끼며, 억지로 공부하지 않아도 자연스럽게 실력이 향상·유지됩니다. 영어가 내 소통의 도구이고 일상이 되었으니까요.

한국에서 영어 환경 만들기

〈대충영어〉의 5단계 커리큘럼을 통해 영어 학습의 기본기를 탄탄히 다졌다면, 이제는 그 학습의 효과를 실생활로 확장할 때입니다. 아무리 좋은 학습법도 꾸준히 실천하고 실제 상황에 적용하지 않으면 효과가 떨어집니다. 특히 한국처럼 영어를 모국어로 사용하지 않는 환경에서는 의식적으로 자신만의 영어 환경을 조성하는 것이 중요합니다. 여러분이 한국에서도 마치 해외에 있는 것처럼 영어를 자연스럽게 접하고 활용하기를 바랍니다.

1. 원어민 친구 사귀기

많은 사람이 영어를 유창하게 하려면 무조건 외국에 나가야 한다고 생각합니다. 실제로 미국에 유학을 다녀오거나 몇 년간 거주해도 영어 실력이 크게 늘지 않은 사람이 많습니다. 이는 그들이 한국인들이 모여 사는 곳에 머물거나, 영어 실력이 부족하여 원어민과 접할 기회가 적기 때문입니다. 하지만 역설적으로, 한국에서도 충분히 원어민 친구를 사귀고 영어 환경을 만들 수 있습니다. 당신이 영어나 중국어를 조금 하게 되어 초급 회화가 가능하다면, 돈과 시간을 들여 외국에 가지 않아도 서울과 같은 국제 도시에서 얼마든지 원어민 친구들을 만들고 교류할 수 있습니다. 서울에는 외국인들이 참여하는 다양한 소모임이나 언어 교환 커뮤니티가 활성화되어 있습니다. 이러한 모임에 적극적으로 참여하여 자연스러운 대화 환경을 조성할 수 있습니다. 더불어 '마원의 대충영어'에서 배웠듯이, 문법적 오류를 두려워하지 않고, 메시지를 자신 있게 전달하는 태도가 중요합니다. 틀린 영어라도 과감하게 말하는 '영어 무법자'가 초보 영어를 더 잘 배울 수 있습니다.

2. 여행·비즈니스 등 실용 영어 활용 팁

영어를 배우는 궁극적인 목적은 실제 생활에서 활용하는 것입니다. 이메일 작성, 간단한 회의 참여, 자기소개 등 기본적인 비즈니스 상황에 필요한 표현들을 익혀두면 좋습니다. 무역업에 종사하는 60대 사업가가 〈대충영어〉 훈련을 한 지 한 달만에 영어 듣기 실력이 두 배 향상되어 통역 없이 영국인과 미팅을 하게 된 사례처럼, 실질적인 업무 능력 향상으로 이어질 수 있습니다. 그리고 좋아하는 영화나 음악, 스포츠, 취미 관련 영어 콘텐츠를 찾아 꾸준히 접하세요. 영어가 공부가 아닌 즐거움으로 인식되어야 지속 가능성이 높아집니다.

3. 미디어 환경 설정

넷플릭스 등 OTT 서비스를 적극 활용해서 한국 드라마나 예능을 영어 자막으로 시청하거나, 영어권 영화·드라마를 영어 자막과 함께 시청합니다. 초급 단계에서는 디즈니 애니메이션처럼 쉬운 콘텐츠로 시작하세요. TED 강연, 영어 뉴스 채널 등에서 유익한 자료도 많이 구할 수 있습니다.

우리의 뇌는 환경에 적응하는 능력이 매우 뛰어납니다. 새로운 언어 환경에 지속적으로 노출되면, 뇌는 그 언어를 '중요한 정보'로 인식하고 해당 언어를 처리하는 신경망을 더욱 강화합니다. 이는 언어 습득이 의식적인 노력뿐만 아니라, 무의식적인 환경 노출에 의해 크게 좌우됨을 의미합니다. 영어를 생활의 일부로 만드는 것은 뇌에게 '이 언어는 나에게 꼭 필요하다'는 강력한 신호를 보내는 것입니다. 이러한 환경은 뇌의 가소성을 지속적으로 자극하여, 언어 능력이 자연스럽게 향상되도록 돕습니다. 꾸준한 학습과 더불어 여러분이 한국에서도 충분히 영어 환경을 만들고, 즐거움 속에서 영어를 체화하여 진정한 '영어 해방'을 경험하기를 바랍니다. 이제 영어가 더 이상 책상 앞의 숙제가 아닌, 여러분의 삶을 더 풍요롭게 만들어 줄 거예요.

저의 바람은 단순합니다. 이제 영어 때문에 자신감을 잃거나 고통받는 사람들이 없었으면 합니다. 누구나 부담 없이 시작할 수 있고, 꾸준히 이어갈 수 있는 학습법을 찾는 분들에게 작은 도움이 되기를 바랍니다.

손 안의 두뇌, 〈대충영어〉의 다음 장

우리는 하루에도 스마트폰을 수십 번 집어 듭니다. 이제 스마트폰은 단순히 전화를 거는 기계를 넘어, 우리의 생활과 학습을 이어주는 중요한 매개체가 되었습니다.

〈대충영어〉 앱

저는 오랫동안 영어 때문에 힘들어하는 분들을 만나왔습니다. 암기와 반복을 지속해 왔지만 실전에서는 말이 막히고, 늘 제자리에 머물고 있는 듯한 답답함 때문에 지쳐 있는 사람이 많았습니다. 그래서 20년간 언어 교육을 위해 힘썼고, 〈대충영어〉 프로그램을 통해 영어를 가르치고 연구하고 있습니다. 그리고 〈대충영어〉 앱을 통해 책에서 배운 〈속청-섀도잉-자동 기억〉 훈련법을 실제 생활 속에서 언제든 활용할 수 있고 쉽게 이어갈 수 있는 방법을 찾기 바랍니다.

이 앱은 화려한 기능보다는 꾸준한 습관을 만드는 데 초점을 맞췄습니다. 출퇴근길의 짧은 10분, 잠들기 전의 5분, 그렇게 흘려보내던 자투리 시간이 훈련 시간이 될 수 있도록 말입니다. 1배속부터 2배속, 3배속, 4배속 음성 속도를 자유자재로 조절하여 듣기 속도를 바꾸고, 원어민의 억양을 실시간으로 따라 할 수 있습니다. 특정 구간의 반복, 문장 단위 반복 등 다양한 반복 학습 기능을 제공하여 여러분이 외우지 않아도 기억되는 자동 기억을 형성할 수 있도록 돕습니다. 앞 장에서 다룬 '가짜 섀도잉'의 함정을 피하고자 처음에는 스크립트 없이 듣기에 집중해야 하지만, 필요한 경우 학습 진도에 맞춰 자막을 켜거나 끌 수 있는 기능도 제공될 수 있습니다. 이는 학습자가 자신의 '흡수율'에 맞춰 콘텐츠를 조절하고, 점진적으로 자막 없이 듣는 훈련으로 나아갈 수 있게 합니다.

저의 바람은 단순합니다. 영어 때문에 더 이상 자신감을 잃거나 고통받는 사람들이 없었으면 합니다. 누구나 부담 없이 시작할 수 있고, 꾸준히 이어갈 수 있는 학습법을 찾는 분들에게 작은 도움이 되기를 바랍니다.

대충 TIP

미드와 우유의 공통점은
흡수가 되지 않는다는 것이다:
아는 인풋을 해라.

인풋이 넘치면
말이 절로 나온다

대충 해야 매일 하고
대충 해야 즐겁게 한다.
대충을 잊지 말자.

Let it be
- The Beatles

PART 6.

영어를 듣는 환경이 학습을 좌우한다

좋지 않은 소리가 우리 아이의 뇌를 잠들게 한다

우리가 매일 듣는 대부분의 음악과 음성은 '압축된 디지털 음원'입니다.

편리하고 가볍지만, 문제는 그 과정에서 수많은 소리의 미세한 파형이 잘려나간다는 점입니다. 디지털 음원은 본래의 소리를 0과 1의 데이터로 바꾸며, 인간의 귀가 알아채지 못하는 부분까지 제거해 용량을 줄입니다. 하지만 뇌는 그 차이를 명확히 인식할 수 있습니다. 신경과학자들은 인간의 뇌가 단순히 '듣는 기관'이 아니라 소리의 진동을 통해 감정과 집중을 조율하는 정서 조절 장치라고 말합니다.

캐나다 맥길대의 청각 연구에서는 자연음(바람, 빗소리, 아날로그 악기)

을 들을 때 전두엽의 알파파가 증가하며 안정과 집중이 동시에 나타났지만, 압축 음원이나 인위적 전자음을 들을 때는 감각피질의 피로 신호가 증가하고, 스트레스 호르몬인 코르티솔 수치가 상승하는 것으로 나타났습니다.

아이의 뇌는 어른보다 훨씬 빠르게 소리를 받아들이고, 그만큼 쉽게 피로해집니다.

초등학생의 청각피질은 아직 성장하고 있으며, 특정 주파수에 과도하게 노출되면 뇌의 '소리 처리 능력'이 혼란을 일으킬 수 있습니다. 실제로 일본 교토대학의 실험에서는 고주파 음역(2,000Hz 이상)의 인공음에 지속적으로 노출된 아동이 일반 음악을 들은 그룹보다 집중력·기억력 테스트 점수가 20% 낮게 나타났습니다. 이는 단순한 취향의 문제가 아니라, 뇌의 정보 처리 효율이 떨어지는 현상입니다. 문제는 이런 소리를 아이들이 매일 듣고 있다는 것입니다.

스마트폰의 이어폰, 영상 플랫폼의 배경음, 게임 사운드, 심지어 온라인 학습 앱의 음성조차 대부분 압축된 디지털 사운드로 이루어져 있습니다.

이런 환경에 오래 노출된 뇌는 미세한 음의 차이를 구분하지 못하고, 소리를 '정보'로만 인식하게 됩니다.

결국 감정을 느끼는 회로가 둔해지고, 집중력과 언어 이해력까지 함께 떨어질 수밖에 없습니다. '좋은 소리'를 듣는다는 것은 소리를 통해 뇌가 깨어나고, 감정이 회복되며, 학습이 시작되는 것입니다.

실제로 낭독·음악·언어를 큰소리로 듣고 말하는 훈련은 좌뇌의 언어 회로와 우뇌의 감정 회로를 동시에 활성화하며 기억력과 창의력을 높이는 효과가 있다는 것이 다수의 연구에서 확인되었습니다.

이것이 바로 우리가 '좋은 소리'로 공부를 시작해야 하는 이유입니다. 아이의 귀는 아직 세상의 모든 소리를 배우는 중입니다. 그 귀에 거칠고 왜곡된 인공음을 들려주는 것은 뇌의 감각을 서서히 잠재우는 일과 같습니다. 좋은 소리는 뇌를 깨우고, 나쁜 소리는 뇌를 닫습니다.

따뜻한 악기의 숨결, 사람의 목소리, 자연의 파동이 가진 진짜 울림이야말로 아이의 언어와 감정을 함께 성장시키는 '생명의 소리'입니다. 우리가 선택한 소리의 질이 아이의 뇌가 깨어 있을지, 잠들어 있을지를 좌우합니다.

KBS 〈스펀지〉 실험이 밝힌 'MP3 소리의 진실'

2006년 KBS 과학 예능 프로그램인 〈스펀지〉는 'MP3 음악을 들으면 근력이 약해진다'는 놀라운 실험 결과를 방송했습니다. 가수 KCM과 개그맨 장동민이 참여한 이 실험에서, 휴대전화로 MP3 음악을 10분 이상 들은 뒤 팔의 근력을 측정하자 실제로 근육의 긴장이 풀리고 힘이 약해지는 현상이 나타났습니다.

단지 음악을 들었을 뿐인데 몸의 에너지가 떨어진 것입니다. 이 방송이 화제가 된 이유는, 2005년 MBC 창사 특집 다큐멘터리인 〈생명의 소리 – 아날로그〉에서 이미 같은 현상이 과학적으로 검증되었기 때문입니다. 이 다큐멘터리에서 정신과 의사 존 다이아몬드 (John Diamond) 박사는 음악이 인체의 근육과 에너지에 어떤 영향을 주는지를 실험했습니다. 그는 실험 참가자들에게 ① 피아노 생연주, ② LP 음악, ③ 슈퍼 오디오 CD, ④ 일반 CD를 순서대로 들려주며 팔의 근력과 근전도 반응을 측정했습니다. 결과는 일관되었습니다. 생연주와 LP를 들을 때는 팔의 근육이 탄력을 유지했지만, 일반 CD 단계에서는 힘이 급격히 빠지며 아무리 힘을 주어도 버티려고 해도 팔이 저절로 내려갈 정도였습니다. 다이아몬드 박사는 그 이유를 "디지털 음악이 몸과 뇌로부터 생체 에너지, 즉 기를 빼앗기 때문이다."라고 밝혔습니다. 제작진은 실험을 식물에도 확장했습니다. 오이와 아기장대 식물에 3개월 동안 LP, CD, MP3 음악을 들려주거나, 그리고 음악이 없는 환경에서 키운 결과, MP3 음악을 들은 식물은 LP를 들은 식물보다 평균 11.6cm 작게 자랐습니다. 게다가 다 자라기도 전에 조급하게 꽃을 피웠습니다. 디지털 소리가 생명체의 성장 리듬을 교란시킨 것입니다.

왜 이런 차이가 생길까요? 그 이유는 소리를 기록하는 방식에 있습니다.

아날로그 음원(LP)은 공기의 진동을 끊김이 없이 그대로 기록합니다. 그래서 피아노의 울림, 숨소리, 공간의 떨림까지 모두 살아 있습니다. 반면 디지털 음원은 소리를 매우 짧은 순간 단위로 잘게 쪼개어 저장합니다. 1초를 약 44,000조각으로 나누고, 조각마다 소리의 높낮이를 16단계로 숫자로 바꿔 기록합니다. 즉, 음악을 '연속된 파동'이 아니라 '44,000장의 정지된 사진'을 빠르게 넘겨 재생하는 방식입니다. 멀리서 들으면 자연스럽게 느껴지지만, 가까이서 보면 미세한 떨림이 사라지고, 소리의 결이 거칠어져 있습니다. 그 과정에서 인간의 귀가 감지하는 진동의 미묘한 정보가 손실됩니다.

결국 디지털 소리는 듣기에는 깨끗하지만, 몸이 반응하는 '자연의 소리'는 아닙니다.

LP의 부드러운 진동은 뇌의 베르니케 영역에서 청각 신호가 해석될 때 전두엽의 리듬과 자연스럽게 공명합니다. 반면, 잘려나간 디지털 파형은 인공적인 리듬을 만들어 뇌의 리듬과 어긋나게 됩니다. 그래서 디지털 음원을 오래 들으면 감각이 피로해지고 집중력이 떨어지는 이유가 여기에 있습니다.

〈대충영어〉는 바로 이 점에 주목했습니다. 속청 훈련의 핵심은 단순히 빠르게 듣는 것이 아니라, 자연스러운 진동의 원음을 뇌에 직접 들려주는 것입니다.

그래서 〈대충영어〉의 학습 음원은 MP3가 아닌 무손실(無損失) 음원 방식으로 제작됩니다. 무손실 음원은 소리를 압축하지 않고, 녹음된 그대로의 파동을 전달합니다.

그래서 학습자는 단순히 '듣는 것'이 아니라, 몸 전체로 소리를 느끼며 영어를 흡수하게 됩니다. 우리가 아날로그의 소리를 고집해야 하는 이유는 감성이 아니라 과학입니다. 인간의 뇌는 본래 자연의 리듬에 반응하도록 설계되어 있습니다. 한 음절의 끝, 숨의 간격, 울림의 미세한 떨림. 그 안에서 뇌는 의미를 읽고 감정을 느끼며, 언어를 살아 있는 것으로 인식합니다. 제가 무손실 음원을 사용하는 이유는 단 하나입니다. 디지털로 잘린 인공음이 아니라, 살아 있는 진동으로서의 영어를 다시 듣게 하는 것입니다. 뇌가 진짜 소리를 들을 수 있게 하기 위함이지요. 그때 영어가 비로소 귀로 느끼고 몸으로 반응하는 언어가 됩니다.

LP를 사랑한 스티브 잡스

제가 오랜 기간 아이들을 지도해 온 교육자로서, 아이의 뇌를 잠들게 하는 '나쁜 소리'에 대해 확신하게 된 사실이 하나 있습니다. 좋은 소리를 듣는 것만으로도 아이의 뇌는 깨어난다는 것입니다. 소리는 단순히 귀로 들어오는 자극이 아니라, 뇌의 집중력·감정·기억력을 좌우하는 가장 직접적인 신경 자극이기 때문입니다. 그런데 우리도 모르게 매일 듣고 있는 소리가 사실은 우리의 뇌를 서서히 피로하게 만들고 있다면 어떨까요?

2000년대 중반, 어느 방송 실험에서 휴대전화 MP3 플레이어로 음악을 10분간 들려준 뒤 청취자의 근력을 측정한 결과가 화제가 된 적이 있습니다. 불과 10분 동안 청취했는데도 근력이 눈에 띄게 떨어졌다는 것입니다. 무엇보다 그 결과는 우리에게 '디지털 음원이 정말 우리의 몸과 뇌에 이로운가?'라는 중요한 질문을 던집니다.

MP3는 편리하지만, 사실 소리의 본질을 심하게 훼손한 음원입니다. 데이터 용량을 줄이기 위해 인간의 귀가 감지하기 어렵다고 판단되는 고주파 영역을 과감히 잘라내 버립니다.

그 과정에서 소리가 지닌 자연스러운 진동, 미세한 공기의 떨림이 사라집니다. 그 결과, 우리의 뇌는 불완전한 자극을 반복적으로 받게 되고 시간이 지날수록 집중력과 감각 반응성이 둔화합니다. 단순히 귀의 문제가 아니라, 뇌 전체가 '무뎌지는' 것입니다. 이는 아이들의 학습력과 감정 안정에도 직접적으로 연결된 문제입니다.

소리는 곧 뇌의 리듬을 만들고, 그 리듬이 집중과 기억을 조절하기 때문입니다.

압축된 소리, 인공적인 진동은 뇌파를 불안정하게 만들고 무의식적인 피로를 축적시킵니다. 이런 환경에서는 아이가 아무리 '열심히 공부'를 해도 뇌가 깨어나지 않으니 효율이 떨어질 수밖에 없습니다.

스티브 잡스는 디지털 시대를 연 인물이지만, 그 자신은 퇴근 후 언제나 LP를 들었다고 합니다. 그의 친구인 닐 영은 "잡스는 디지털을 만들었지만, 자신의 귀에는 결코 디지털을 허락하지 않았다"라고 회상했습니다. 잡스는 기술로 세상을 바꾼 사람이었지만, 음악만큼은 '진짜 소리'를 고집했습니다. 그 이유는 단순했습니다.

좋은 소리만이 사람의 감각과 사고를 깨어 있게 만들기 때문입니다. 교육의 본질도 같습니다. 우리는 아이들에게 좋은 책을 읽히고, 좋은 음식과 환경을 제공합니다.

그러나 정작 '귀로 듣는 환경', 즉 소리의 질에는 얼마나 신경 쓰고 있을까요?

소리는 뇌의 문을 여는 가장 빠른 열쇠입니다. MP3로 왜곡된 인공적 소리가 아닌, 자연스럽고 풍부한 진동의 소리를 들려주는 것이야말로 아이의 뇌를 건강하게 성장시키는, 가장 단순하지만 강력한 교육의 시작입니다. 좋은 소리는 뇌를 깨우고, 나쁜 소리는 뇌를 잠들게 합니다. 학습의 출발점은 '무엇을 공부할 것인가'가 아니라, '무엇을 듣고 있는가'입니다.

방송인 배철수가 "MP3는 쓰레기"라고 말한 진짜 이유

우리가 어떤 '소리'를 듣는가는 뇌의 기능과 학습 능력에 생각보다 훨씬 더 깊이 영향을 미친다고 말씀 드렸습니다. 특히 소리의 주파수, 그중에서도 '고주파(High-frequency)'는 뇌를 깨우고 인지 능력을 자극하는 핵심 자극입니다. 같은 공부를 해도 어떤 아이는 금세 몰입하고, 어떤 아이는 쉽게 피로해지는 이유 또한 뇌가 어떤 소리에 노출되어 있느냐에 따라 달라지기 때문입니다.

여러 뇌과학 연구와 방송 다큐멘터리는 '고주파음(High-frequency sound)'의 놀라운 효과를 소개해 왔습니다. 특히 모차르트의 음악에서 고음만 추출해 자폐 치료나 ADHD 치료에 활용한 사례는 잘 알려져 있습니다. 연구자들은 고주파가 뇌의 각성 영역을 자극해 인지 기능과 감정 조절 능력을 회복시킨다고 말합니다.

즉, 특정 주파수의 소리는 단순히 들리는 음이 아니라 뇌의 신경 회로를 재정렬하고 활성화하는 전기적 자극인 셈입니다. 하지만 현대인이 일상적으로 사용하는 MP3 음원은 이런 중요한 고주파 영역을 대부분 잘라냅니다. 파일 용량을 줄이기 위해 인간의 귀로는 잘 들리지 않는 초고음역과 초저음역 데이터를 삭제하는 압축 방식이죠. 그 결과 음악의 생동감, 공기의 떨림, 미세한 진동이 사라지고 뇌는 불완전한 자극만을 반복적으로 받게 됩니다.

방송인 배철수 씨는 어느 인터뷰에서 "MP3는 음악이 아니라 쓰레기"라고 말한 적이 있습니다. 그는 오랜 방송 경력과 음악적 경험을 통해 디지털 압축 음원이 감정의 미세한 떨림을 얼마나 잃는지를 누구보다 잘 알고 있었던 것입니다.

실제로 MP3를 오래 들으면 피로감을 쉽게 느끼고, 집중력이 떨어지는 이유도 바로 여기에 있습니다. 이런 이유로 최근에는 멜론, 벅스 같은 국내 음원 플랫폼은 물론 이제는 Apple Music 등 글로벌 기업들까지도 MP3 대신 FLAC, ALAC 같은 무손실 고음질 포맷을 도입하고 있습니다. 또한 미국에서는 34년 만에 LP 매출이 CD를 넘어섰습니다. 이는 사람의 뇌가 본능적으로 '진짜 소리'를 원한다는 증거입니다. 이 원리는 학습에도 그대로 적용됩니다. 좋은 소리는 단순히 음악 감상의 문제가 아니라, 뇌를 젊게 하고, 학습 효율을 극대화하는 두뇌 자극입니다. 고주파음에 자주 노출되면 뇌의 청각 회로가 정교해지고, 집중력과 기억력이 향상되며, 언어의 미세한 차이까지 인식하는 능력이 생깁니다.

속청 훈련은 바로 이 원리를 교육에 적용한 방식입니다. 속도가 빠른 소리를 들으며 다양한 주파수 대역에 귀를 다시 열어주는 과정이지요.

특히 한국어를 활용한 속청은 뇌가 이미 익숙한 언어의 고주파 자극을 통해 안정적이면서도 강력하게 활성화됩니다. 그 결과 청각 회로가 세밀해지고, 영어 자음 0.04초의 미묘한 발음 차이를 포착할 수 있는 민감한 영어 귀가 만들어집니다. 무엇을 공부하느냐보다 어떤 소리로 공부하느냐가 아이의 집중력, 감정, 학습력까지 좌우합니다. 결국 학습의 시작점은 눈이 아니라, 귀입니다.

우리 아이의 '영어 귀'와 '뇌 건강'을 위해 MP3 듣기를 당장 중단해야 하는 이유

《나쁜 음악 보고서》(남우선, 바롬웍스)에서는 디지털 시대의 음향을 "보이지 않는 데이터의 조각"이라 말합니다. LP나 라이브 음악이 공기의 떨림을 통해 사람의 감정과 공명한다면, MP3와 같은 디지털 음원은 그 떨림을 잘라내고 압축한, 감성의 잔상에 불과하다는 것이죠. 좋은 소리를 듣는다는 것은 단순히 귀의 쾌감을 위한 일이 아닙니다. 우리의 뇌는 '소리'를 통해 감정, 집중, 기억을 조율합니다. 소리의 질이 곧 사고의 질을 좌우한다는 사실을 아이들이 스마트폰으로 종일 자극적인 음원을 들으며 산만해지는 모습을 통해 이미 확인하고 있습니다.

조악한 음질은 단순히 귀를 피로하게 하는 것이 아니라, 뇌가 정보의 미세한 차이를 구분하고 집중하는 능력 자체를 약화시킵니다. 이 책의 저자는 "MP3는 정보의 그릇이지 감성의 그릇이 아니다"라고 지적합니다. 그 말은 어쩌면 오늘날의 교육 현실에도 그대로 적용될 수 있습니다. 우리는 지식이라는 정보를 쏟아붓고 있지만, 감성을 담을 공간을 잃어버렸습니다. 잘 정제된 소리와 자연의 숨결이 살아 있는 소리를 들을 때, 뇌는 학습과 집중의 준비를 마칩니다. 그래서 저는 영어를 포함한 모든 학습의 출발점은 '무엇을 듣느냐'에 달려 있다고 믿습니다.

그래서 〈대충영어〉 프로그램은 'MP3 해방'을 선언했습니다. 귀에 자극을 주는 인공음이 아닌, 뇌가 반응하는 자연스러운 원음을 그대로 살린 WAV 사운드, 그리고 멜론·벅스뮤직 등 음원 플랫폼에서 고급 음원용으로 사용하는 FLAC 무손실 포맷으로 모든 속청 음원을 제작했습니다.

디지털은 분명 편리합니다. 그러나 배움의 본질은 편리함이 아닙니다. 우리가 자녀에게 좋은 책을 읽히기 전에, 먼저 좋은 소리를 들려줘야 하는 이유가 여기에 있지 않을까요. 깊이 듣고, 느끼는 능력은 인간의 뇌를 가장 깊이 깨우는 강력한 힘이라고 믿습니다. 좋은 소리를 듣는 일은 결국 '학습의 기술'이 아니라 '사람을 지키는 일'이 되어야 합니다.

대충 TIP

귀는 뇌의 직통 통로다.

성공과 행복을 원한다면
대충 사세요. -조벽 교수

거침없는 〈대충영어〉로
세계와 소통하자

Yesterday
-The Beatles

수강생 후기

① **"낯가림 많은 사람도 편하게 배우는 영어 수업"**
– 직장인 수강생 후기

저는 제 돈을 내고 처음으로 스스로 선택한 영어 프로그램이 〈대충영어〉였습니다. 사실 '대충'이라는 이름부터 마음이 끌렸습니다. 완벽함을 강조하는 다른 학원들과 달리, 왠지 이곳은 영어에 대한 부담을 덜어줄 것 같았기 때문입니다. 영어는 늘 저에게 어려운 과목이었습니다. 특히 해외여행만 가면, 알고 있는 단어조차 입 밖으로 나오지 않아 속상했습니다. 그래서 회화 중심의 학원을 찾아보다가 우연히 〈대충영어〉를 알게 되었고, 수업 방식이 조금 특별하다는 점이 오히려 흥미로워 보여 3개월 과정을 신청했습니다. 수업은 전부 카카오톡 메신저를 통해 진행되었습니다. 선생님이 하루 과제를 보내주면, 저는 제 방에서 그 문장을 녹음하고, 파일을 전송하면 선생님이 직접 피드백을 하셨습니다. 대면 수업이 아니어서 부담이 없었고, 낯가림이 심한 저에게는 딱 맞는 방식이었습니다. '혼자서도 영어를 충분히 연습할 수 있다'는 점이 무엇보다 좋았습니다. 처음에는 미국 드라마나 예능을 따라 말하는 섀도잉과 비슷하다고 생각했지만, 막상 해보니 완전히 달랐습니다. 〈대충영어〉의 음원은 학습자의 수준에 맞춰 속도와 난이도가 세밀하게 조절되어 있어서, 포기하지 않고 차근차근 따라갈 수 있었습니다. 게다가 학원처럼 이동할 필요가 없어, 시간도 훨씬 절약되었습니다.

제 방이 곧 영어 교실이 되었고, 저는 제 시간에, 제 속도로 공부할 수 있었습니다. 하루에 30분에서 1시간 정도 녹음하며 연습했는데, 짧은 시간이지만 집중도가 높아 지루할 틈이 없었습니다. 그렇게 한 달쯤 지났을 때, 놀라운 변화가 생겼습니다. 어느 날 미국 드라마를 보는데, 배우들의 대사가 전보다 훨씬 느리게 들렸습니다. 예전에는 한마디도 알아듣지 못했는데, 이제는 단어와 문장이 귀에 또렷하게 들어왔습니다. 외국인을 만나도 말이 너무 빨라 당황하던 제가, 이제는 대화의 흐름을 따라갈 수 있게 되었습니다. 영어 듣기가 이렇게 편해질 수 있다는 게 믿기지 않았습니다.

'대충'이라는 이름이 주는 인상과 달리, 훈련의 효과는 결코 대충이 아니었습니다. 오히려 완벽을 강요하지 않기 때문에 꾸준히 이어갈 수 있었고, 그 꾸준함이 실력으로 이어졌습니다. 영어를 잘해야 한다는 부담에서 벗어나, '오늘은 어제보다 조금 더 자연스럽게 말해 보자'는 마음으로 매일 녹음했습니다. 그렇게 한 달이 지나고 나니, 저는 어느새 영어를 '공부'가 아닌 '대화'로 대하고 있었습니다. 〈대충영어〉는 제게 영어를 다시 시작할 용기와 혼자서도 성장할 수 있다는 자신감을 주었습니다. 완벽하지 않아도 괜찮다는 그 철학 덕분에, 저는 지금 영어와 조금 더 자연스럽게 가까워지고 있습니다.

② 영어 듣기 더블업 성공기
— 60대 무역업 사업가

저는 미국 화학제품을 수입·판매하는 무역업을 30년 넘게 해오면서도, 오랫동안 영어의 필요성을 크게 느끼지 못하고 살아왔습니다. 그러나 10여 년 전, 미국 본사가 경비 절감을 이유로 한국 내 대리점을 모두 철수시키고 본사와의 직접 거래 시스템으로 전환하면서, 영어는 제 사업과 일상 전반을 흔들어 놓는 가장 큰 숙제가 되었습니다. 그때부터 미국 본사 담당자들이 1년에 3~4회씩 한국을 방문할 때마다 저는 늘 초긴장 상태가 되었고, 특히 미국 기술자들이 와서 세미나를 진행할 때면 그 시간은 그야말로 '고난의 시간'이었습니다.

그 불편함에서 벗어나기 위해 지난 십 년 동안 여러 영어 학습법을 시도하고, 개인 지도를 받으며 끊임없이 도전했지만 만족할 만한 성과를 얻지 못했습니다. 이유는 명확했습니다. 첫째, 제 안에서 충분히 간절하고 지속적인 노력이 부족했고, 둘째, 제게 정말 필요한 부분을 정확히 진단하고 그 약점을 집중적으로 강화해줄 체계적인 학습법을 발견하지 못했기 때문입니다.

영어 공부를 하지 않은 것은 아니지만, 이곳저곳 기웃거리며 금세 포기하기를 반복했고, 그렇게 수년을 보낸 끝에 남은 건 '투자 대비 효과가 낮다'는 실망감뿐이었습니다. 나이가 들수록 기억력도 떨어져 배운 내용을 자꾸 잊어버리다 보니, 어느 순간 '이제는 그만 포기해야 하나' 하는 생각이 들기도 했습니다. 그러던 중 지인의 소개로 〈대충영어〉를 알게 되었고, 오승종 선생님의 강의를 들으며 '마지막으로 한 번만 제대로 해보자'는 마음으로 프로그램을 시작했습니다.

저에게 가장 큰 문제는 회의보다 오히려 저녁 자리였습니다. 미리 준비한 회의는 어느 정도 예상할 수 있는 내용이라 큰 문제가 없었지만, 회식 자리나 2~3시간의 디너 미팅은 전혀 달랐습니다. 원어민들이 다양한 주제의 말을 빠른 속도로 이어가면, 연음이 섞인 그 소리를 전혀 알아들을 수 없었습니다. 게다가 미리 준비한 멘트가 끊기고, 즉석 대화에 참여하려고 영어로 문장을 떠올리는 순간 이미 대화 주제가 바뀌어 버려, 그저 멍하니 웃으며 자리를 채워야 하는 일이 반복되었습니다. 그런 제 자신이 너무 답답했고, '일단 귀만 뚫리면 무슨 말이든 할 텐데…'라는 생각이 머릿속을 떠나지 않았습니다.

그런데 놀랍게도, 〈대충영어〉를 한 달 동안 꾸준히 실천하자 제 귀를 의심할 정도의 변화가 찾아왔습니다. 예제로 주어진 신데렐라 영상과 주토피아 영상을 들을 때, 그동안 전혀 알아듣지 못했던 문장들이 또렷이 들리기 시작했습니다. 영어 듣기가 '두 배'로 늘어났다고 느껴질 만큼 명확한 변화였습니다. 무엇보다 자신감이 생겼습니다. '나도 원어민처럼 자연스럽게 듣고 말할 수 있는 날이 올 수 있겠다'는 생각이 들자, 공부가 의무가 아니라 즐거움으로 바뀌었습니다.

〈대충영어〉의 가장 큰 장점은 다양한 배속 훈련을 통해 귀를 깨우고, 매일 적당한 분량의 과제를 제시하며 그날그날 피드백을 받는 구조라는 것입니다. 이 시스템 덕분에 '오늘은 피곤해서 못 하겠다'는 변명이 통하지 않았고, 자연스럽게 꾸준한 학습 루틴이 만들어졌습니다. 하루 20분, 30분씩이지만 매일 이어지는 훈련이 쌓이자, 영어 실력이 늘지 않을 수가 없었습니다.

지인들은 "60대에 그 정도면 정말 잘하는 편이에요"라고 말하지만, 제가 원하는 목표는 그 이상입니다. 일반적인 회화 수준을 넘어, 깊이 있는 대화를 자유롭게 주고받는 단계까지 가고 싶습니다. 하이레벨 외국인들과 사업·문화·삶의 주제를 나누는 진짜 대화, 그것이 제 목표입니다. 이제 와서 생각하면, 〈대충영어〉를 조금만 더 일찍 만났더라면 어땠을까 하는 아쉬움이 남습니다. 하지만 지금이라도 이렇게 변화의 즐거움을 느끼게 된 것이 감사할 따름입니다. 언젠가 자연스럽게 외국인과 다양한 주제로 토론하며 웃고 있을 제 모습을 떠올리면, 지금 이 시간의 공부가 전혀 힘들지 않습니다. 영어뿐 아니라 인생의 자신감을 되찾게 해준 〈대충영어〉와 오승종 선생님께 진심으로 감사드립니다.

③ "엄마, 인강이 바로 머리에 들어와요"
- 중3 딸의 속청 체험기

저희 딸은 중학교 3학년으로, 평소 인강을 들어도 한 번에 이해하지 못하고 "음…" 하고 생각한 뒤 "아~" 하며 늦게 깨닫는 편이었습니다. 그런데 제가 먼저 속청 영어 듣기를 시작하며 "이걸 들으면 두뇌 회전이 빨라지고 머리도 좋아진대"라고 말하자, 딸은 어디서 들어본 적이 있다며 의외로 선뜻 "나도 해볼래요"라고 했습니다. 한창 사춘기라서 부모의 말에 반항하기 일쑤였던 아이가 스스로 하겠다고 나선 것이 놀라웠습니다. 처음 4~5일 동안은 아침, 저녁으로 하루 10분씩만 들었는데, 5일째 되는 날 아이가 갑자기 "엄마, 이거 진짜 효과 있어요. 인강을 들을 때 원래는 선생님 말이 한 번에 안 들어오고 시간이 걸리는데, 이제는 바로 들리고 머리에 쏙 들어와요."라고 말했습니다. 그 말을 듣는 순간, 저는 단순히 영어 학습이 아니라 아이의 두뇌 처리 속도와 집중력 자체가 변화하고 있다는 확신이 들었습니다. 이후로 딸은 매일 스스로 아침에 속청을 듣고, "오늘은 4배속으로 해볼래요."라며 훈련 속도까지 조절하며 즐겁게 이어가고 있습니다. 이전에는 인강을 듣는 걸 힘들어하던 아이가 이제는 오히려 스스로 공부하는 모습을 보여주고 있으며, 속청을 통해 영어뿐 아니라 학습 전반의 효율이 높아진 듯한 변화가 느껴집니다. 앞으로 이 변화가 얼마나 더 커질지, 엄마로서 기대와 놀라움이 교차합니다.

④ 영어 실력뿐 아니라 삶의 질이 달라졌습니다
- 〈대충영어〉 30일 차 대학생 후기

투병으로 잠시 멈췄던 공부를 다시 시작해야 하는 중요한 시기였습니다.
그때 제게 가장 큰 과제는 '속도', 즉 시간을 단축하면서 효율적으로 공부하는 방법이었습니다. 그래서 속독학원, 자기계발서, 그리고 '속청'까지 여러 가지 방법을 찾아 혼자 시도하던 중 우연히 〈대충영어〉블로그를 발견했습니다. 학습을 시작한 지 30일이 되었을 때 가장 먼저 느낀 변화는 듣기의 질적인 향상이었습니다. 디즈니 영화 〈주토피아〉의 영어 대사를 처음 들었을 때는 20%도 이해하지 못했지만, 30일 후에는 75% 이상 이해되었고, 두 번째 반복 학습에서는 80%를 넘어섰습니다. 놀라운 건, 첫 회차에서는 전혀 들리지 않던 문장이 두 번째 청취에서는 자연스럽게 인지되어 저도 모르게 웃으며 따라가게 되었다는 점입니다. 주토피아 외에도 여러 영상에서 공통적으로 느낀 변화는 소리가 느려지고, 또렷하게 들린다는 것이었습니다. 그전에는 문장 속 단어들이 엉켜서 흘러갔는데, 지금은 그 안에서 어떤 표현을 알고, 또 어떤 어휘를 모르는지까지 구분할 수 있을 정도로 자신의 이해도를 점검할 수 있는 메타인지 능력이 생겼습니다.

이 변화는 영어뿐 아니라 일상적인 인지력에도 놀라운 영향을 미쳤습니다.

어릴 때부터 깜빡하는 버릇이 있어 자주 물건을 잃어버렸는데, 속청 훈련을 시작한 뒤로 기억력이 눈에 띄게 향상되어 약속, 일정, 할 일을 훨씬 잘 기억하게 되었습니다. 그뿐만 아니라 영어 외 학습에서도 이해력과 집중력이 높아졌습니다. 예전에는 어려워하던 개념들이 훨씬 빠르게 정리되고, 다른 과목의 핵심 내용도 훨씬 명확하게 이해할 수 있게 되었습니다. 특히 기억력 향상을 체감한 순간은, 문제 해결형 두뇌 훈련 게임으로 알려진 'N-Back 테스트'를 할 때였습니다. 예전에는 4-back까지만 도달할 수 있었는데, 속청 훈련을 한 달간 한 후에는 3-back 단계가 놀라울 만큼 쉽게 느껴졌습니다. (문제적 남자 프로그램에서도 소개된, IQ 향상과 AI 면접 대비 훈련으로 유명한 그 테스트입니다.) 한 달 만에 영어 실력뿐 아니라 제가 원하던 이해력·집중력·기억력이 함께 향상되었습니다. 〈대충영어〉는 단순한 영어 학습법이 아니라, 저에게는 뇌의 감각을 깨우고, 삶의 질을 한 단계 끌어올린 경험이었습니다.

⑤ "글로만 배우던 영어, 드디어 귀로 들리기 시작했습니다"
― 〈대충영어〉 2개월 차 워킹맘의 변화

저는 〈대충영어〉를 시작한 지 두 달째 되는 주부 수강생입니다. 고등학교 시절, 수능 영어 독해는 50문제 중 단 한 문제만 틀릴 정도로 잘했지만, 듣기 영역에서는 10문제 중 5문제를 틀릴 만큼 영어를 철저히 '글로만 배운 세대'였습니다. 외국인을 보면 입이 얼어붙고, 대학에서 이과 계열로 진학하면서 영어를 쓸 일도 점점 줄어들다 보니, 남아 있던 자신감마저 사라져 버렸습니다. 그런데 아이가 자라면서 '이대로 영어를 포기한 엄마 모습만 보여줄 수는 없겠다'는 생각이 문득 들었습니다. 워킹맘으로서 시간 대비 효율이 가장 중요했기에, '잠수네식 영어'처럼 많은 시간을 투자하는 학습법은 제게 맞지 않았습니다. 그런 고민 끝에 〈대충영어〉를 알게 되었고, 아이와 함께 시작했습니다. 결론부터 말하자면, 〈대충영어〉는 듣기 실력 향상 면에서 시간 대비 효과가 정말 뛰어났습니다.

그동안은 너무 기본적인 단어조차 들리지 않아 답답했는데, 이제는 그 단어들이 또렷이 들리기 시작했습니다. 예전에는 자막 있는 영화나 애니메이션을 보면 자막만 눈에 들어왔지만, 지금은 소리에 먼저 귀가 가고, 들리는 단어를 중심으로 자연스럽게 이해하게 됩니다. 모르는 단어가 많아도 자막을 보며 문맥을 이해할 수 있게 되었고, 무엇보다 '소리에 집중하는 습관'이 생겼습니다. 처음에는 '한글 파일을 4배속으로 듣는 게 무슨 효과가 있을까?' 하는 의구심이 들었습니다.

하지만 놀랍게도, 며칠 지나지 않아 처음엔 전혀 들리지 않던 4배속 한글이 또렷하게 들리기 시작했습니다. 그 순간, '귀가 뚫린다'는 표현이 어떤 의미인지 몸으로 느꼈습니다. 저는 하루 30분 정도 꾸준히 훈련했습니다. 주말에는 바빠서 하지 못할 때도 있었지만, 그 정도의 시간으로도 이만큼의 효과를 낸다는 게 놀라웠습니다.

만약 평소처럼 단순히 영어를 흘려듣기만 했다면, 2개월 만에 이런 변화를 불러오기 절대 어려웠을 것입니다.

이제 단어가 들리기 시작했으니, 앞으로 단어 학습과 독해까지 병행하면 더 큰 시너지가 날 것 같습니다. 재미있는 건, 아이가 저보다 모르는 단어가 훨씬 많을 텐데도 듣기는 오히려 더 잘하는 것처럼 보인다는 점입니다.

귀를 먼저 열고 나서 영어학원을 다시 보내면, 아이의 학습 흡수력이 훨씬 높아질 것 같다는 확신이 듭니다. 무엇보다 〈대충영어〉는 개인 수준에 맞는 과제와 세밀한 피드백을 제공합니다. 제가 녹음한 파일을 선생님께 보내면, 꼼꼼하게 피드백을 하시고 그날그날의 학습 방향을 정확히 제시해 주십니다.

덕분에 오랜만에 '선생님께 지도를 받는 기분'을 느끼며 학창 시절로 돌아간 듯한 즐거움 속에서 공부하고 있습니다. 꾸준히 할 수 있도록 좋은 방향으로 이끌어 주셔서 진심으로 감사드립니다.

⑥ "영어책 읽기에서 듣기와 말하기로 이어지는 새로운 길을 보다"
― 20년 경력 영어 교육 전문가의 후기

평소 〈대충영어〉에 대해 궁금했는데, 직접 강의를 들을 수 있는 기회가 있었습니다. 강의는 단순히 영어 학습법을 소개하는 수준이 아니라, 실제 사례와 과학적 근거를 통해 "왜 우리는 영어책을 즐겁게 읽기 어려운가?", 그리고 그 문제를 어떻게 해결할 수 있는가에 대해 구체적으로 설명해 주셨습니다. 20년간 영어책 수업을 해 온 교육자로서, 강의 중 공감되는 부분이 많았습니다.

저 역시 영어책 읽기를 통해 학생들에게 영어에 대한 흥미를 심어주려 노력해왔지만, 읽기 자체를 어려워하는 초·중학생들에게는 그 접근이 쉽지 않았습니다. 그런데 이번 강의에서 제시된 '속청'과 '섀도잉' 훈련법은 그런 학생들에게 영어 원서 읽기의 진입장벽을 낮추는 효과적인 방법으로 보였습니다.

특히 강의에서 제시된 뇌과학적 근거와 청각 자극 실험 데이터가 매우 설득력 있었습니다. 오랜 기간 학생들을 가르쳐 온 입장에서 볼 때, 이론이 아니라 실제 적용 가능성이 느껴지는 접근이었습니다. 단순히 듣기 훈련을 넘어, 듣기→이해→말하기→읽기로 이어지는 유기적인 학습 구조가 만들어진다는 점이 인상적이었습니다.

또한, 강의 중 언급된 크라센 박사의 '이해 가능한 입력(Comprehensible Input)' 이론이 '한글 속청'을 통해 자연스럽게 구현된다는 설명이 매우 흥미로웠습니다. 한글을 기반으로 청각 이해력을 높이면서 영어 듣기와 말하기 능력까지 확장된다는 점이 교육자로서 매우 인상적이었습니다. 이번 강의를 통해 영어 교육을 바라보는 새로운 관점과 안목을 얻었습니다. 단순한 학습법이 아닌, 학습자의 뇌와 감각을 함께 훈련하는 접근이라는 점에서 〈대충영어〉가 앞으로 영어 교육 현장에서 충분히 활용될 수 있겠다는 확신이 생겼습니다. 좋은 강의를 들을 수 있어 진심으로 감사드립니다.

에필로그

**'즐겁게 대충 했을 뿐인데,
귀가 시원하게 뚫리는 영어 공부'**

"귀가 뚫리면 파티가 시작된다"는 더 이상 뜬구름 잡는 말이 아닙니다. 실제로 한글 속청 30분 훈련으로 빠른 분들은 20일, 보통의 분들이 한 달이면 본인 영어 실력에 관계없이 열에 여덟이 귀가 뚫리는 경험을 실제로 했습니다. 더불어 청각 나이와 가청 주파수를 측정해서 청각 나이가 좋아지는 것을 실제로 많은 수강생이 체험했지요. 영어 세상의 반은 초등학교 수준 '50단어의 반복'입니다. 이 50단어가 영어의 핵심입니다. 이 단어를 들을 수 있으면 영어가 놀면서 되는 것이고, 이 단어를 모른다면 평생 영어를 외우는 수밖에 없습니다. 하지만 외우는 걸 꾸준히 할 수 있는 사람은 많지 않습니다. 우린 바쁜 현대사회에서 살아가고 있기에 미드를 80% 이상 들으려고 하는 것은 정말 무모한 도전입니다. 우리는 영어가 모국어가 아니기 때문에 영어로 대충 소통할 수 있고, 대충 여행 다니며 업무할 수 있다면 그 정도로 충분합니다.

영어를 너무 큰 도전 과제로 생각하지 마세요. 동시 통역사나 아닌 일반인이라면 대충영어, 대충중국어만 해도 충분합니다. 그래서 저는 여러분이 영어가 시원하게 들리도록 속청으로 귀를 뚫어서 영어를 즐기면서 할 수 있는 '도파민이 뿜어져 나오는' 영어 학습법을 터득하시기를 간절히 소망합니다. 덤으로 집중력과 청각도 향상됩니다.

자, 그럼 오늘부터 바로 대충 할 준비가 되셨나요?

<대충영어> 300문장

no	English	Korean
1	Hello. I'm Minjun.	안녕하세요. 저는 민준이에요.
2	Hi. My name is Sujin.	안녕, 제 이름은 수진이에요.
3	Nice to meet you.	만나서 반가워요.
4	I like your T-shirt.	당신의 티셔츠가 마음에 들어요.
5	Thank you. I like your style.	고맙습니다. 당신의 스타일이 마음에 들어요.
6	What is this?	이게 뭐예요?
7	It's a cushion foundation.	쿠션 파운데이션이에요.
8	It's a Korean cosmetic.	한국 화장품이에요.
9	Oh, I see.	아, 그렇군요.
10	Do you like K-beauty?	K-뷰티를 좋아하세요?
11	Yes, I do.	네, 좋아해요.
12	What do you have?	무엇을 가지고 있어요?
13	I have a lip tint.	저에게는 립 틴트가 있어요.

14	The color is very pretty.	색깔이 아주 예뻐요.
15	This is my friend, Yuna.	이쪽은 제 친구, 유나예요.
16	She is a fashion student.	그녀는 패션 전공 학생이에요.
17	Wow, that's cool.	와, 멋지네요.
18	She has a great sense of style.	그녀는 패션 감각이 뛰어나요.
19	I want to learn about fashion.	저는 패션에 대해 배우고 싶어요.
20	Let's go shopping together.	같이 쇼핑하러 가요.
21	That's a good idea.	좋은 생각이에요.
22	Where is a good place to shop?	쇼핑하기 좋은 곳이 어디예요?
23	Myeongdong is famous for cosmetics.	명동은 화장품으로 유명해요.
24	Dongdaemun has many clothes.	동대문에는 옷이 많아요.
25	Let's go to Myeongdong first.	명동에 먼저 가요.
26	Okay. See you tomorrow.	좋아요. 내일 만나요.
27	See you then.	그때 봐요.
28	It was nice talking to you.	이야기 즐거웠어요.
29	Goodbye.	안녕히 가세요.
30	I'll see you around.	다음에 또 봬요.
31	Look at this color.	이 색깔 좀 보세요.

32	It's red.	빨간색이에요.
33	This is blue.	이건 파란색이에요.
34	I like yellow.	저는 노란색을 좋아해요.
35	I like black.	저는 검은색을 좋아해요.
36	What color is it?	무슨 색이에요?
37	It's green.	초록색이에요.
38	What's your favorite color?	가장 좋아하는 색이 뭐예요?
39	My favorite color is pink.	제가 가장 좋아하는 색은 분홍색이에요.
40	My favorite color is white.	제가 가장 좋아하는 색은 흰색이에요.
41	Do you like purple?	보라색 좋아해요?
42	Yes, I like purple.	네, 보라색 좋아해요.
43	No, I don't like purple.	아니요, 보라색 안 좋아해요.
44	The sky is blue.	하늘은 파란색이에요.
45	The apple is red.	사과는 빨간색이에요.
46	I want a brown bag.	저는 갈색 가방을 원해요.
47	This is an orange hat.	이것은 주황색 모자예요.
48	I have a gray sweater.	저는 회색 스웨터가 있어요.
49	Do you have this in blue?	이거 파란색으로 있나요?

50	I'm looking for a pink dress.	저는 분홍색 원피스를 찾고 있어요.
51	What color do you like?	무슨 색을 좋아하세요?
52	I like bright colors.	저는 밝은 색들을 좋아해요.
53	I like dark colors.	저는 어두운 색들을 좋아해요.
54	This color is beautiful.	이 색은 아름다워요.
55	This color is nice.	이 색은 멋지네요.
56	I want to buy a green T-shirt.	저는 초록색 티셔츠를 사고 싶어요.
57	Let's find the red one.	빨간 것을 찾아봅시다.
58	I found it. It's here.	찾았어요. 여기 있네요.
59	The colors are pretty.	색깔들이 예뻐요.
60	I love all the colors.	저는 모든 색을 사랑해요.
61	This is a cleanser.	이것은 클렌저예요.
62	This is a toner.	이것은 토너예요.
63	This is a lotion.	이것은 로션이에요.
64	I have a cream.	저는 크림이 있어요.
65	I have a face mask.	저는 마스크팩이 있어요.
66	I have a sunscreen.	저는 선크림이 있어요.
67	Do you have a serum?	세럼 있어요?

68	Yes, I do.		네, 있어요.
69	No, I don't.		아니요, 없어요.
70	I use a cleanser.		저는 클렌저를 사용해요.
71	I use a toner and a lotion.		저는 토너와 로션을 사용해요.
72	I need a lip balm.		저는 립밤이 필요해요.
73	I want this one.		저는 이것을 원해요.
74	I like this cream.		저는 이 크림을 좋아해요.
75	I like this brand.		저는 이 브랜드를 좋아해요.
76	What is this?		이게 뭐예요?
77	It's an eye cream.		아이크림이에요.
78	This is for your eyes.		이것은 눈을 위한 거예요.
79	This is for your hands.		이것은 손을 위한 거예요.
80	It smells good.		좋은 냄새가 나요.
81	It feels good.		느낌이 좋아요.
82	My skin is soft.		제 피부는 부드러워요.
83	This is a Korean product.		이것은 한국 제품이에요.
84	It is famous.		유명해요.
85	I wash my face.		저는 세수를 해요.
86	I apply lotion.		저는 로션을 발라요.

87	This is my face cream.	이것은 제 얼굴 크림이에요.
88	This is for the morning.	이것은 아침용이에요.
89	This is for the night.	이것은 밤용이에요.
90	I like skincare.	저는 스킨케어를 좋아해요.
91	This is a T-shirt.	이것은 티셔츠예요.
92	I am wearing a shirt.	저는 셔츠를 입고 있어요.
93	I like your pants.	당신의 바지가 마음에 들어요.
94	These are my jeans.	이것들은 제 청바지예요.
95	She is wearing a dress.	그녀는 드레스를 입고 있어요.
96	He has a nice jacket.	그는 멋진 재킷을 가지고 있어요.
97	I need a new coat.	저는 새 코트가 필요해요.
98	My skirt is blue.	제 치마는 파란색이에요.
99	I wear shorts in summer.	저는 여름에 반바지를 입어요.
100	Put on your socks.	양말을 신으세요.
101	Where are my shoes?	내 신발은 어디 있어요?
102	These are comfortable sneakers.	이것은 편한 운동화예요.
103	I have a black hat.	저는 검은색 모자가 있어요.
104	Do you have a bag?	가방 있어요?

105	My bag is heavy.	제 가방은 무거워요.
106	He wears glasses.	그는 안경을 써요.
107	This is a warm sweater.	이것은 따뜻한 스웨터예요.
108	I want to buy a new watch.	저는 새 손목시계를 사고 싶어요.
109	This scarf is very soft.	이 스카프는 아주 부드러워요.
110	Do you like my new shoes?	제 새 신발 마음에 들어요?
111	Yes, I like them.	네, 마음에 들어요.
112	What are you wearing today?	오늘 뭐 입고 있어요?
113	I am wearing a white T-shirt and blue jeans.	저는 흰색 티셔츠와 청바지를 입고 있어요.
114	I need gloves in winter.	저는 겨울에 장갑이 필요해요.
115	This is a striped shirt.	이것은 줄무늬 셔츠예요.
116	I am looking for my belt.	제 벨트를 찾고 있어요.
117	My pajama is very comfortable.	제 잠옷은 아주 편해요.
118	This is my favorite jacket.	이것은 제가 가장 좋아하는 재킷이에요.
119	He has a cool cap.	그는 멋진 야구 모자를 가지고 있어요.
120	Let's change our clothes.	우리 옷 갈아입자.
121	One, two, three, four, five.	일, 이, 삼, 사, 오.
122	Six, seven, eight, nine, ten.	육, 칠, 팔, 구, 십.

123	I have two hands.	저는 두 개의 손을 가지고 있어요.
124	She has three bags.	그녀는 세 개의 가방을 가지고 있어요.
125	I want five lipsticks.	저는 립스틱 다섯 개를 원해요.
126	How much is it?	이거 얼마예요?
127	How much is this hat?	이 모자는 얼마예요?
128	It's 10 dollars.	10달러입니다.
129	It's 20,000 won.	2만 원입니다.
130	That is cheap.	저렴하네요.
131	That is expensive.	비싸네요.
132	It's too expensive for me.	저에게는 너무 비싸요.
133	Do you have a cheaper one?	더 싼 것 있나요?
134	I have 50 dollars.	저는 50달러를 가지고 있어요.
135	This is on sale.	이것은 세일 중이에요.
136	It's a 30 percent discount.	30퍼센트 할인이에요.
137	Wow, that's a good price.	와, 좋은 가격이네요.
138	The total is 70 dollars.	총 70달러입니다.
139	Here is my credit card.	여기 제 신용카드요.
140	I will pay in cash.	현금으로 계산할게요.

141	I have one big bag and two small bags.	저는 큰 가방 하나와 작은 가방 두 개가 있어요.
142	I bought four items.	저는 네 개의 상품을 샀어요.
143	I need a size 9.	저는 사이즈 9가 필요해요.
144	How much are these shoes?	이 신발은 얼마예요?
145	They are 100 dollars.	100달러입니다.
146	Can I get a receipt?	영수증 주시겠어요?
147	Here you are.	여기 있습니다.
148	Let's count the money.	돈을 세어 봅시다.
149	I spent a lot of money today.	저는 오늘 돈을 많이 썼어요.
150	I want to save my money.	저는 돈을 아끼고 싶어요.
151	Welcome to our store.	저희 가게에 오신 것을 환영합니다.
152	Hello. I'm just looking.	안녕하세요. 그냥 둘러보는 중이에요.
153	I'm looking for a cleanser.	저는 클렌저를 찾고 있어요.
154	The cleansers are over there.	클렌저들은 저쪽에 있어요.
155	I want a red lipstick.	저는 빨간색 립스틱을 원해요.
156	This color is popular.	이 색상이 인기가 많아요.
157	Can I try this on my hand?	이거 손에 테스트해봐도 될까요?
158	Yes, of course.	네, 물론이죠.

159	I like this color.	이 색깔 마음에 들어요.
160	I will take this one.	이걸로 할게요.
161	Do you need anything else?	다른 거 더 필요하세요?
162	No, that's all. Thanks.	아니요, 그게 다예요. 고맙습니다.
163	Where can I find sunscreens?	선크림은 어디서 찾을 수 있나요?
164	They are in aisle 2.	2번 통로에 있습니다.
165	Is this product good for dry skin?	이 제품은 건성 피부에 좋은가요?
166	Yes, it is very moisturizing.	네, 아주 촉촉해요.
167	I need a gift for my friend.	친구에게 줄 선물이 필요해요.
168	How about this hand cream set?	이 핸드크림 세트는 어떠세요?
169	That looks nice.	좋아 보이네요.
170	Please wrap it for me.	포장해 주세요.
171	I am looking for an eye shadow palette.	아이섀도 팔레트를 찾고 있어요.
172	We have many kinds.	종류가 아주 많아요.
173	I want one with brown colors.	갈색 계열이 들어있는 걸로 원해요.
174	I will pay at the counter.	계산대에서 계산할게요.

175	Do you have a membership card?	멤버십 카드 있으세요?
176	Yes, here it is.	네, 여기요.
177	Can I have a shopping bag?	쇼핑백 하나 주시겠어요?
178	Thank you. Have a good day.	고맙습니다. 좋은 하루 보내세요.
179	I like this store.	저는 이 가게가 마음에 들어요.
180	I will come here again.	여기 또 올 거예요.
181	May I help you?	무엇을 도와드릴까요?
182	I'm looking for a T-shirt.	티셔츠를 찾고 있어요.
183	What size are you?	사이즈가 어떻게 돼요?
184	I am a medium.	저는 미디엄 사이즈예요.
185	The T-shirts are on this rack.	티셔츠는 이쪽 행거에 있어요.
186	Can I try this on?	이거 입어봐도 될까요?
187	Sure. The fitting room is over there.	물론이죠. 탈의실은 저쪽에 있습니다.
188	How does it fit?	잘 맞으세요?
189	It's too small.	너무 작아요.
190	Do you have a larger size?	더 큰 사이즈 있나요?
191	Let me check for you.	확인해 드릴게요.

192	Here is a large size.	여기 라지 사이즈입니다.
193	This one fits perfectly.	이건 완벽하게 맞아요.
194	I'll take it.	이걸로 살게요.
195	I don't like the color.	색상이 마음에 안 들어요.
196	Do you have it in black?	이거 검은색도 있나요?
197	Yes, we do.	네, 있습니다.
198	This jacket is on sale.	이 재킷은 세일 중입니다.
199	I like your style.	당신의 스타일이 마음에 들어요.
200	I'm just Browse, thank you.	그냥 둘러보는 거예요, 고맙습니다.
201	Where is the mirror?	거울이 어디에 있나요?
202	It looks good on you.	잘 어울리세요.
203	Thank you. I like it too.	고맙습니다. 저도 마음에 들어요.
204	I'm looking for a gift for my brother.	제 남동생에게 줄 선물을 찾고 있어요.
205	How about this sweater?	이 스웨터는 어떠세요?
206	I think he will like it.	그가 좋아할 것 같아요.
207	What is this made of?	이건 소재가 뭐예요?
208	It's 100% cotton.	100% 면입니다.
209	I'm ready to pay.	계산할게요.

210	Your total is 85 dollars.	총 85달러입니다.
211	I wake up at 7 AM.	저는 아침 7시에 일어나요.
212	I turn off the alarm.	저는 알람을 꺼요.
213	I get out of bed.	저는 침대에서 나와요.
214	I go to the bathroom.	저는 화장실에 가요.
215	I wash my face.	저는 세수를 해요.
216	I brush my teeth.	저는 이를 닦아요.
217	Then, I do my skincare.	그러고 나서, 스킨케어를 해요.
218	I apply toner.	저는 토너를 발라요.
219	I apply lotion.	저는 로션을 발라요.
220	I put on sunscreen.	저는 선크림을 발라요.
221	I go to my room.	저는 제 방으로 가요.
222	I choose my clothes.	저는 옷을 골라요.
223	I get dressed.	저는 옷을 입어요.
224	I comb my hair.	저는 머리를 빗어요.
225	I dry my hair.	저는 머리를 말려요.
226	I put on some makeup.	저는 화장을 좀 해요.
227	I use a cushion foundation.	저는 쿠션 파운데이션을 사용해요.

228	I draw my eyebrows.	저는 눈썹을 그려요.
229	I put on lip tint.	저는 립 틴트를 발라요.
230	I am ready to go out.	저는 나갈 준비가 됐어요.
231	I go to the kitchen.	저는 부엌으로 가요.
232	I drink a glass of water.	저는 물 한 잔을 마셔요.
233	I make some coffee.	저는 커피를 타요.
234	I eat breakfast.	저는 아침을 먹어요.
235	I eat an apple.	저는 사과를 먹어요.
236	I check my phone.	저는 휴대폰을 확인해요.
237	I grab my bag.	저는 가방을 챙겨요.
238	I put on my shoes.	저는 신발을 신어요.
239	I leave my house.	저는 집을 나서요.
240	This is my morning routine.	이것이 저의 아침 일과예요.
241	It's the weekend.	주말이에요.
242	I like the weekend.	저는 주말을 좋아해요.
243	I wear comfortable clothes on the weekend.	저는 주말에 편한 옷을 입어요.
244	I wear a hoodie and sweatpants.	저는 후드티와 추리닝 바지를 입어요.
245	This hoodie is very soft.	이 후드티는 아주 부드러워요.

246	My clothes are casual.	제 옷은 캐주얼해요.
247	I don't wear a suit.	저는 정장을 입지 않아요.
248	I meet my friends.	저는 친구들을 만나요.
249	I wear a pretty dress.	저는 예쁜 원피스를 입어요.
250	I wear a cute skirt.	저는 귀여운 치마를 입어요.
251	This is my weekend look.	이것이 저의 주말 룩이에요.
252	I like to wear a cap.	저는 야구 모자 쓰는 것을 좋아해요.
253	I wear sneakers.	저는 운동화를 신어요.
254	I carry a small bag.	저는 작은 가방을 들고 다녀요.
255	My weekend style is simple.	제 주말 스타일은 단순해요.
256	I don't wear much makeup.	저는 화장을 많이 하지 않아요.
257	I just use a cushion and a lip balm.	저는 그냥 쿠션이랑 립밤만 사용해요.
258	My look is natural.	제 모습은 자연스러워요.
259	What do you wear on the weekend?	당신은 주말에 무엇을 입나요?
260	I wear whatever is comfortable.	저는 편한 건 뭐든지 입어요.
261	I stay at home sometimes.	저는 가끔 집에 머물러요.
262	I wear my pajamas all day.	저는 하루 종일 잠옷을 입고 있어요.

263	I like to go to a cafe.	저는 카페 가는 것을 좋아해요.
264	I wear a clean white shirt.	저는 깨끗한 흰색 셔츠를 입어요.
265	I wear black pants.	저는 검은색 바지를 입어요.
266	This look is modern and simple.	이 룩은 모던하고 심플해요.
267	I think your style is cool.	당신의 스타일이 멋지다고 생각해요.
268	Thank you. I like your style too.	고마워요. 저도 당신 스타일이 마음에 들어요.
269	Let's take a picture.	사진 찍자.
270	My weekend look is all about comfort.	저의 주말 룩은 편안함이 전부예요.
271	Do you like K-pop?	K팝 좋아하세요?
272	Yes, I love K-pop.	네, K팝 정말 좋아해요.
273	Who is your favorite group?	가장 좋아하는 그룹이 누구예요?
274	My favorite group is BTS.	제가 가장 좋아하는 그룹은 BTS예요.
275	I like BLACKPINK.	저는 블랙핑크를 좋아해요.
276	Their songs are very good.	그들의 노래는 아주 좋아요.
277	Their dancing is amazing.	그들의 춤은 정말 놀라워요.
278	I like their music videos.	저는 그들의 뮤직비디오를 좋아해요.
279	The music videos are colorful.	뮤직비디오가 화려해요.

280	I also like their fashion.	저는 그들의 패션도 좋아해요.
281	Their stage outfits are so cool.	그들의 무대 의상은 정말 멋져요.
282	Their airport fashion is famous.	그들의 공항 패션은 유명해요.
283	Who is your favorite member?	가장 좋아하는 멤버는 누구예요?
284	I like Jungkook.	저는 정국을 좋아해요.
285	I think Jennie is very stylish.	저는 제니가 아주 스타일리시하다고 생각해요.
286	Their makeup is always perfect.	그들의 화장은 항상 완벽해요.
287	I like their hairstyles.	저는 그들의 헤어스타일이 마음에 들어요.
288	I want to change my hair color like them.	저도 그들처럼 머리 색을 바꾸고 싶어요.
289	Many people copy K-pop style.	많은 사람이 K팝 스타일을 따라 해요.
290	K-pop idols are fashion icons.	K팝 아이돌들은 패션 아이콘이에요.
291	I listen to K-pop every day.	저는 매일 K팝을 들어요.
292	Do you want to go to a concert?	콘서트에 가고 싶어요?
293	Yes, I really want to go.	네, 정말 가고 싶어요.
294	Let's go together next time.	다음에 같이 가요.
295	I buy their albums.	저는 그들의 앨범을 사요.

296	I collect their photo cards.	저는 그들의 포토카드를 모아요.
297	K-pop is popular all over the world.	K팝은 전 세계적으로 인기가 많아요.
298	I am proud of K-pop.	저는 K팝이 자랑스러워요.
299	This song makes me happy.	이 노래는 저를 행복하게 해줘요.
300	K-pop style influences my fashion.	K팝 스타일은 제 패션에 영향을 줘요.

대충영어
ⓒ 오승종, 2025

초판 1쇄 인쇄 2025년 11월 18일
초판 1쇄 발행 2025년 11월 25일

지은이	오승종
발행인	조찬우
펴낸곳	차선책
책임편집	박태연
편집	최지희
교정·교열	박기원
디자인	박은정
마케팅	채성모·유혜원·투아워스·불름미디어·비욘드콘택트
인쇄	한국학술정보 (주) 북토리
경영지원	이가영
출판등록	제2022-00056호
주소	서울특별시 송파구 풍성로 14길 31, 405호
전화	010-5832-4016
이메일	thenextplanb@gmail.com
홈페이지	thenextplanb.co.kr
인스타그램	@thenextplan_official
블로그	blog.naver.com/thenextplanb
유튜브	차선책

ISBN 979-11-993809-1-2 (03700)

* 이 책의 저작권은 저자에게 있습니다.
* 이 책은 「저작권법」에 의해 보호되는 저작물이므로, 저자와 출판사의 허락 없이 무단 전재와 복제를 금합니다.
* 본 도서의 전체 또는 일부를 사용하려면 반드시 저작권자와 출판사 양측의 서면 동의를 받아야 합니다.
* 본 도서에 수록된 QR 코드와 앱 관련 콘텐츠는 별도 서비스로 운영되며, 출판사는 해당 콘텐츠의 운영 및 이용에 관한 책임을 지지 않습니다.
* 잘못 인쇄되었거나 파손된 책은 구매하신 서점에서 교환해 드립니다.

"당신의 글이 우리의 다음 '차선책'이 됩니다."
도서출판 차선책 출간기획팀 thenextplanb@gmail.com 메일로 소중한 원고를 보내주세요.